Arbeitstexte für den Unterricht

Popliteratur

Für die Sekundarstufe
herausgegeben von
Dirk Frank

Philipp Reclam jun. Stuttgart

Universal-Bibliothek Nr. 15053
Alle Rechte vorbehalten
© 2003 Philipp Reclam jun. GmbH & Co., Stuttgart
Gesamtherstellung: Reclam, Ditzingen. Printed in Germany 2003
RECLAM und UNIVERSAL-BIBLIOTHEK sind eingetragene Marken
der Philipp Reclam jun. GmbH & Co., Stuttgart
ISBN 3-15-015053-1

www.reclam.de

Inhalt

I. Einführung in das Thema 5

II. Texte 34

Ernst Jandl 34
   1. oberflächenübersetzung 34

Ulrich Plenzdorf 35
   2. Die neuen Leiden des jungen W. 35

Robert Gernhardt 43
   3. Materialien zu einer Kritik der bekanntesten
      Gedichtform italienischen Ursprungs 44

Rolf Dieter Brinkmann 44
   4. Photographie 44
   5. Graham Bonney oder das komplizierte Gefühl . 45
   6. Nachtrag zu dem Gedicht über Graham Bonney 46
   7. Schreiben, realistisch gesehen 49

Peter Handke 50
   8. Die Aufstellung des 1. FC Nürnberg
      vom 27. 1. 1968 50
   9. Der Text des rhythm-and-blues 50

Wolf Wondratschek 52
   10. Rock 'n' Roll Freak 52

F. C. Delius 53
   11. Einsamkeit eines alternden Stones-Fans 53

Jürgen Theobaldy 55
   12. Bilder aus Amerika 55

Jörg Fauser 56
   13. Rohstoff 56

Jörg Gülden   65
14. Super-Fan   65

Rainald Goetz   74
15. Hard Times, Big Fun   75

Max Goldt   88
16. Junger Mann, der sich eine Schallplatte gekauft
    hat   88
17. Ein Eimer Erbsen mittelfein   94

Georg Martin Oswald   95
18. Grimmelshausenvariation (slight return)   95

Wiglaf Droste   103
19. Späte Rache oder: The Köln Concert   103

Feridun Zaimoglu   107
20. Ich bin n taffer Liberalkiller   107

Christian Kracht   111
21. Faserland   111

Stefanie Flamm   122
22. Lifestyle ist alles, was uns bleibt   122

Alexa Hennig von Lange   130
23. Relax   130

Benjamin von Stuckrad-Barre   139
24. Ironie   139

Benjamin Lebert   146
25. Crazy   147

III. Didaktische Anregungen   158

IV. Quellenverzeichnis   169

V. Literaturhinweise   171

I. Einführung in das Thema

Was ist Popliteratur?

Popliteratur wird in vielen literaturkritischen Diskussionen der letzten Jahre als Hoffnungsträger, aber auch als Krisenphänomen gedeutet. Dass Popliteratur die Öffentlichkeit polarisiert, kann nicht verwundern. Eher der Zeitpunkt der Auseinandersetzung, hatten doch bereits in den späten 60er-Jahren einige Jungschriftsteller unter dem Eindruck der anglo-amerikanischen Beat- und Popkultur Versuche unternommen, eine Literatur zu propagieren, die der Lebens- und Gefühlswelt popsozialisierter Menschen gerecht wird, Eingängigkeit mit Widerständigkeit vereint und sich Strategien der Inszenierung und der Selbstvermarktung bedient. Doch es blieben Ansätze, und die Fürsprecher dieser ›gründerzeitlichen‹ Popliteratur wendeten sich schon sehr bald von dem Programm ab, die Grenzen zwischen E und U, zwischen anspruchsvoller und unterhaltender Literatur einzureißen. Lange Zeit zeigte das literarische Establishment nur wenig Interesse an den literarischen Erscheinungsformen von Pop. Spätestens Mitte der 90er-Jahre wendete sich das Blatt. Plötzlich ernteten viele junge Schriftsteller erstaunlichen Zuspruch von einem Massenpublikum. AutorInnen wie Benjamin von Stuckrad-Barre, Benjamin Lebert oder Alexa Hennig von Lange füllen mit ihren Lesungen große Säle und genießen den Status von Popstars. Kritische Stimmen bemängeln die Qualität dieser jungen Literatur, wittern hinter ihrer Popularität allein verlegerische Marketing-Strategien, um dem übersättigten Literaturmarkt mit griffigen Labels neue Impulse zu geben. »Sprich das pop-wort nicht aus« schreibt Kathrin Röggla in ihrem Gedicht *Irres Wetter*. ›Pop‹ hat sich mittlerweile fast schon zum Reizwort entwickelt. Gleichwohl sollte man trotz der zum Teil durchaus berechtigten Einwände den Begriff nicht zu vorschnell ad acta legen. Tatsache scheint zu sein, dass die vielen neuen Namen im Literaturbetrieb sich offensichtlich nicht mehr im Kanon der so genannten Hochliteratur einordnen lassen, aber auch mit der traditionellen Unterhaltungs- oder Trivialliteratur nicht viel gemein haben.

Wann ist überhaupt Literatur Pop? Wenn man sie dort einsortiert, hat ein Literaturkritiker einmal etwas lakonisch gesagt. Effekte, die ein Text genauso wie ein Song oder ein Kleidungsstück auszulösen vermag, sind in der Popkultur oftmals wichtiger als seine nachprüfbaren ästhetischen Eigenschaften. Popliteratur, die ohne Öffentlichkeit und ohne mediale Rückkopplungseffekte auskommt, ist nicht denkbar, wenngleich andererseits die Macher meist den Anspruch erheben, jenseits der ausgetretenen Wege des Kulturbetriebes und der Vermarktung ihr Publikum zu finden. Diesen Widerspruch, der im Prinzip konstitutiv ist für jede Spielart von Popkultur, teilt sie mit den avantgardistischen Bewegungen des frühen 20. Jahrhunderts.

Der Literaturvermittler in Schule und Hochschule benötigt Definitionen und Abgrenzungen, damit nicht alles mit dem »semantisch vieldeutigen Palindrom Pop« (Jörgen Schäfer) bezeichnet wird, was sich erfolgreich in der Öffentlichkeit präsentieren, vermarkten und verkaufen lässt. Macht der Erfolg einen Autor wie Günter Grass auch zum Popstar? Oder ist ein Werbetext, weil er millionenfach rezipiert und vielleicht auch goutiert wird, Popliteratur? Trotz der Definitionsprobleme sollte man sich auf einen kleinsten gemeinsamen Nenner popliterarischer Texte einigen: Formale Eingängigkeit, d. h. die Verwendung von einfachen Prosa- und Lyrikformen, von Umgangs- oder Szenesprache; inhaltlich ein affirmatives, also bejahendes Verhältnis zur zunehmend medial geprägten Alltagswelt jugendlicher und jung gebliebener Menschen. Die Popliteraten suchen ihr Material, ihre Themen und Schreibanlässe dort, wo die Hochliteratur, die sich traditionell dem Unergründeten, Unbeschriebenen und Authentischen widmet, die Inszenierung, den Hype, die Oberfläche vermutet. Popliteratur wendet sich der Oberfläche zu, ohne dabei selber oberflächlich sein zu wollen. Eine gewisse interpretatorische Vorsicht ist hier angebracht: Zwar finden sich in den meisten Poptexten recht populäre, man könnte auch sagen: realistische Darstellungsmodi. Wer hier die Popliteraten eines längst überwunden geglaubten Realismus zeiht, sollte genauer hinschauen: Wirkt das Dargestellte auf den ersten Blick auch vertraut, so handelt es sich dennoch um medial gebrochene Wirklichkeitsmomente. Es sind also keineswegs naive oder unschuldige Blicke auf die eigene Lebenswelt. Die Autoren streben nicht nach einer Authentizität, die man durch völligen Verzicht auf vorgefertigte Bilder und Vertextungsverfahren erzielt. Als vergleichsweise ›langsames‹ Medium überlässt die Popliteratur den schnelleren audiovisuellen Medien den intensiveren und *sinnlicheren* Wirklichkeitsbezug. Sie zieht sich auf ihre Stärken zurück, nämlich die flüchtigen Momente eines Konzerts oder des Diskobesuchs aus der Sekundärbeobachtung heraus zu *reflektieren*. Der Literaturkritiker Hubert Winkels spricht vom »Aufschub von musikalischen und Bild-Präsenzen im Wort«, d. h. das konkrete Material wird literarisch bearbeitet, verfremdet und neu arrangiert. Dass Literatur gewissermaßen als ein Sekundäreffekt der Popkultur figuriert, lässt sich mit Blick auf die Biographien vieler Popliteraten belegen. Für Vagelis Tsakiridis popliterarischen Sammelband *Supergarde* (1969) wurden die Beiträger nach ihrem Musikgeschmack befragt. Das Ergebnis ist recht homogen, fast alle geben an, die zeitgenössische Musik der Rolling Stones, Velvet Underground oder The Doors zu mögen. Oftmals haben Popliteraten über Umwege zur Literatur gefunden:

»Ich saß nämlich auch schon tagaus, tagein vor dem Fernseher, später vor Radio und Tonbandgerät. Ich wollte um jeden Preis Rock- und Jazzmusiker werden, und Literatur war ein Schimpfwort für etwas Gestriges, bereits im Gestus grundsätzlich Falsches, Lächerliches. Trotzdem bin ich schließlich bei ihr gelandet.« Was der Schriftsteller Norbert Niemann hier beschreibt, dürfte für viele Popliteraten gelten. Man hat seine ersten Erfahrungen im Medienbetrieb als Musiker, DJ oder Konsument gemacht, bevor man sich dem ›altmodischen‹ Medium Literatur zuwendet. Und die meisten Popliteraten arbeiten nicht nur multimedial, sondern schreiben meist auch für unterschiedliche Publikationsformen.

Im formalen Sinne ergibt sich ein eher homogenes Bild: Popliteratur strebt nicht nach radikalen Erneuerungen, hält sich eher eklektisch an bestehende und bewährte Darstellungsformen. Die Prosa ist von einfachen narrativen und berichtenden Formen geprägt; erzählende Passagen wechseln sich ab mit Kommentaren und manchmal auch Ansätzen von Theorie. Lyrische Texte dominierten in den 60er- und 70er-Jahren, was nicht zuletzt damit zusammenhängen mag, dass die Popliteraten dieser Zeit ihre Texte in Konkurrenz zu den Songtexten verfassten. Dadurch, dass sich Popliteratur weitgehend von dieser Medienkonkurrenz hat befreien können, scheint die Lyrik in den letzten beiden Dekaden eher auf dem Rückzug zu sein. Dramatische Formen finden sich nur marginal; Wolfgang Bauers Theaterstück *Magic Afternoon* aus dem Jahre 1969, eine Milieustudie über den Verdruss und die Langeweile von zwei jungen Pärchen, gehört eher zu den Ausnahmen. Möglicherweise liegt der Grund darin, dass die dialogisch-szenische Darstellungsweise des Theaters mit den Möglichkeiten des Films nicht konkurrieren kann. Der Film ist sicherlich neben der Musik als wichtigstes popkulturelles Medium anzusehen (hier seien Filme genannt wie z. B. *Easy Rider*, *American Graffiti*, *Quadrophenia*, *Do the right thing* oder *Trainspotting*).

In thematischer Hinsicht lässt sich dagegen eine gewisse Heterogenität, wenn nicht gar Widersprüchlichkeit konstatieren, die mit zunehmender gesellschaftlicher Akzeptanz von Popkultur noch an Schärfe gewonnen hat: In den

Poptexten wird Jugendlichkeit und Vitalität zelebriert, man entzieht sich zugleich aber den gesellschaftlich akzeptierten Vorstellungen einer kritisch-aufmüpfigen Jugendlichkeit; man protestiert gegen den Zweckrationalismus und Materialismus der Etablierten, schwelgt aber zugleich in Phantasien eines grenzenlosen Konsums. Man formuliert oder deklariert den richtigen Mode- und Lebensstil, reagiert allerdings auch allergisch auf die Ausschlussprinzipien einer dem Zeitgeist hinterherhechelnden Oberflächenwelt. Man postuliert originelle und unentdeckte Sicht- und Lebensweisen, führt zugleich aber den Originalitäts- und Authentizitätsanspruch hochkultureller Exponenten ad absurdum.

Popliteratur ist *eine Erscheinungsform* der Popkultur; nur als solche lässt sie sich adäquat beschreiben und verstehen. Die Popkultur als Gesamtheit von künstlerischen und medialen Phänomenen hat in den letzten vier Dekaden beträchtliche Veränderungen erfahren. Es haben sich nach dem Vorbild der Gesamtkultur akademisch-intellektualistische, aber auch einfachste, für den Massengeschmack industriell hergestellte Spielarten entwickelt. In ihrem Verhältnis zur Gesamtkultur haben sich ebenfalls weitreichende Veränderungen ergeben. In den 60er-Jahren wurde der Popkultur zumindest von bestimmten Kreisen ein gewisses subversives, emanzipatorisches Potenzial zugesprochen. Diese überhöhten Hoffnungen haben sich nicht erfüllt. Dafür hat die Popkultur seit den 90er-Jahren einen zentralen Platz im gesamtkulturellen Spektrum besetzt. Dies vor allem in ökonomischer Hinsicht: In Großbritannien wird mittlerweile mehr mit Popmusik als mit schwerindustriellen Gütern verdient. Clevere Vermarktungsstrategien werden nicht nur angewendet, um Produkte für den Massengeschmack abzusetzen, sondern ebenfalls mit großem Erfolg, um einen Markt für Musik und Lifestyleprodukte des vom kommerziellen Kalkül scheinbar unberührt gebliebenen Independentbereichs zu finden. *Mainstream der Minderheiten* nannte sich daher ein Sammelband von führenden Popintellektuellen über die Popkultur im Spätkapitalismus.

In der Forschung wurde und wird immer noch darüber gestritten, ob ein breiter oder eingeengter Begriff von Popkultur zugrunde gelegt werden sollte. Versteht man darunter die jeweils avanciertesten künstlerisch-stilistischen Produkte (im Sinne einer *Pop-Art*), oder geht es primär darum, einem Produkt oder einer Handlung den Stempel ›Pop‹ aufzudrücken? Mit anderen Worten: Ist Pop eine *produktionsästhetische* oder eine *rezeptionsästhetische* Kategorie? Geht es um Artefakte, die dem normalen lebensweltlichen Handlungsraum qua bestimmter Rahmungstechniken enthoben sind, oder umfasst Pop auch lebensweltliche Handlungen? Wäre das mediengerechte Auftreten eines deutschen Bundeskanzlers dann auch schon eine Variante von Pop?

Was Pop und was Popliteratur ist, wird in dem Maße schwieriger zu beantworten, wie die postmoderne Gesellschaft sich von traditionellen Kategorien verabschiedet. Im Bereich des Ästhetischen verschwimmen zunehmend die Grenzen zwischen Hochkultur und Unterhaltungskultur. Popliteraten publizieren mittlerweile bei Suhrkamp, dagegen werden Literatursendungen wie das *Literarische Quartett* wie Shows inszeniert. Im soziologischen Sinne lösen sich Klassen, Schichten und Generationen zugunsten von flexiblen Gruppen und Identitäten auf. In der heutigen Gesellschaft ist der direkte Zusammenhang von Alter und Lebensform nicht mehr gegeben. Ein jugend- oder popkultureller Habitus lässt sich auch noch bei denjenigen finden, die sich bereits im vierten oder fünften Jahrzehnt ihres Lebens befinden. Gerade im Popbereich arbeiten Musiker und Journalisten, die als ›Berufsjugendliche‹ ihre Begeisterung für Pop zum Beruf gemacht haben. Die 68er-Generation besaß in der Elterngeneration, die mit den Phänomenen Faschismus, Kleinbürgerlichkeit und autoritäres Denken gleichgesetzt wurde, ein klar umrissenes Feindbild; daraus konnte sich das Bewusstsein entwickeln, einer neuen, von religiösen, sozialen und sexuellen Restriktionen befreiten Generation anzugehören. Die heutigen Heranwachsenden haben es dagegen oftmals mit Älteren zu tun, die ihren jugendlichen Lebensstil zu konservieren versuchen und damit ihren Kindern den sozialisationsbedingten Weg des Aufbegehrens gewissermaßen versperren. Das Bedürfnis, sich von anderen gesellschaftlichen Gruppen zu unterscheiden, verlagert sich gleichsam von der vertikalen auf eine horizontale Ebene. Nicht mehr die Eltern, sondern die Stile der Altersgenossen bilden die Kontrastfolie für eigene Abgrenzungen. Dass Außenstehende die feinen Unterschiede jugend- und popkultureller Distinktionen überhaupt nicht mehr erkennen, den Jugendlichen gar einen gewissen Hang zur Uniformität unterstellen, hat nicht zuletzt auch damit zu tun.

Eine (kurze) Geschichte
der deutschsprachigen Popliteratur

Wenn man davon spricht, dass sich die ersten Anfänge einer deutschsprachigen Popliteratur bereits in den späten 60er-Jahren ausmachen lassen, muss man freilich hinzufügen, dass Pop in dieser Zeit gerade im Bereich der Literatur etwas Exotisches auszeichnete. Der Widerstand seitens der literarischen Elite gegen eine von der Last bildungsbürgerlicher Esoterik und kitschiger Lebensferne befreite Literatur war groß, doch dies versah zugleich die frühe deutschsprachige Popliteratur mit dem Nimbus des Subversiven, wenn nicht gar Revolutionären. In Amerika hatte bereits in den späten 50er-Jahren die Beatgeneration um Jack Kerouac, Allan Ginsberg und William Burroughs einen dritten Weg jenseits von Sublimliteratur und Trivialliteratur betreten. Der amerikanische Literaturwissenschaftler Leslie Fiedler prägte für diese Dichtergruppe den Begriff ›Popliteratur‹. Fiedler forderte in seinem einflussreichen Essay *Überquert die Grenze, schließt den Graben!* aus dem Jahre 1968 – ein Text, der auf Deutsch zuerst ausgerechnet in der Zeitschrift *Playboy* erschien – eine zugleich populäre wie sinnlich-lustbetonte Literatur, die den sterilen Akademismus eines James Joyce, T. S. Eliot oder Thomas Mann ablösen sollte. In Deutschland empfand man die von Fiedler proklamierte Hinwendung zu populären Literaturformen als einen Verzicht auf das aufklärerisch-emanzipatorische Potenzial von Literatur, fürchtete vor allem das Schreckgespenst einer Kulturindustrie, die unter dem Deckmantel von Demokratisierung und Liberalisierung auf eine uniforme und unkritische Massenkunst abzielte. Wer waren nun in den 60er-Jahren die Popliteraten? Auf der einen Seite fanden sich Vertreter der Hochliteratur wie Peter Handke (*Die Innenwelt der Außenwelt der Innenwelt*), Elfriede Jelinek (*Wir sind Lockvögel, Baby*) oder Ernst Jandl (*ottos mops*), die vor dem Hintergrund sprachexperimenteller Ansätze und der Poetik der Verfremdung alltagssprachliches Material aufgriffen, ohne sich damit der popkulturellen Methode und der Alltagsthematik komplett zu verschreiben. Auf der anderen Seite standen Schriftsteller aus den subkulturellen Milieus, die jenseits der etablierten Verlage, Vertriebswege und literarischen Sozialisationsinstanzen schrieben und veröffentlichten. Ein wichtiger Exponent der subkulturellen Schriftstellerszene der späten 60er- bzw. frühen 70er-Jahre war unzweifelhaft Jörg Fauser, der sich als Gelegenheitsarbeiter, Junkie und Weltenbummler durchschlug und mit seinen autobiographischen Texten (*Rohstoff*) zu bescheidenem Ruhm gelangte. Wenngleich Fausers Prosa vordergründig mit schlichtem dokumentarischem Realismus aufwartet, muss man ihr einen ungewöhnlich eigenständigen und originellen Stil bescheinigen: Seine Helden sind naiv, doch durchaus in der Lage, den Widersprüchen subkultureller Existenzformen gewahr zu werden. Als Schriftsteller mit subkultureller Bodenhaftung gilt auch Hubert Fichte, der bereits 1966 Lesungen im Star Club veranstaltete, wo die Beatles in ihrer Hamburger Zeit aufgetreten waren; Fichte ließ sich dabei von der Beatband Ian & The Zodiacs begleiten. In seinem opulenten Roman *Die Palette* verarbeitet er eigene Erfahrungen im Hamburger Homosexuellen-Milieu. In seiner Erzählweise erinnert Fichtes Roman aber eher an die modernistischen Romane des 20. Jahrhunderts, weniger an die Prosa der Beatgeneration.

Während es nur wenigen Autoren aus der subkulturellen Szene vergönnt war, ein breiteres Publikum zu erreichen, und etablierte Autoren wie Peter Handke an einer eigenständigen Popliteratur kein Interesse zeigten, gehörte Rolf Dieter Brinkmann zu denjenigen Autoren, die literarisches Establishment und jugendliche Leser gleichermaßen von sich zu überzeugen wussten. Der Nestor der deutschsprachigen Popliteratur kam gerade 35-jährig bei einem Autounfall in London ums Leben. Er hat sich nicht nur als Romanschriftsteller, Lyriker und Essayist einen Namen gemacht; mit den ungeheuer einflussreichen Anthologien *Silverscreen* und *Acid* hat er die amerikanische Beat-, Pop- und Trashliteratur im deutschen Sprachraum überhaupt erst bekannt gemacht. Brinkmann nutzte gern öffentliche Auftritte, um den bösen Buben des Literaturbetriebs zu mimen. Berühmt-berüchtigt ist der Spruch, mit dem er die Literaturkritiker Marcel Reich-Ranicki und Rudolf Hartung bei einer Lesung brüskierte: »Wenn dieses Buch ein Maschinengewehr wäre, würde ich Sie über den Haufen schießen.« Brinkmann war nicht nur Prophet und Protagonist der frühen deutschsprachigen Popliteratur, er war auch ihr Theoretiker. Brinkmanns Literaturverständnis speiste sich aus unterschiedlichen Richtungen: Ursprünglich wurde er dem Neuen Realismus der Kölner Schule zugerechnet. »Es gibt kein anderes Material als das, was allen zugänglich ist«, schrieb Brinkmann im Vorwort zu seinem Gedichtband *Die Piloten*. Brinkmanns Kurzgedicht *Photographie* aus dem Gedichtband *Le Chant du Monde* (1963/64) vermittelt auf präzise Weise nach dem Vorbild technisch generierter Wirklichkeitsabbilder einen aufs Nötigste reduzierten sinnlichen Eindruck – nicht mehr, aber auch nicht weniger: »Mitten / auf der Straße / die Frau / in dem / blauen / Mantel.« In dem Nachwort zur Anthologie *Acid* mit dem Titel *Der Film in Worten* verfasste Brinkmann sein poetologisches Credo: Ihm schwebte eine Literatur vor, die in Analogie zum Film eine gesteigerte Gegenwart liefern sollte; keine verschlüsselten oder symbolischen Zeichen wie in der Hochliteratur, sondern Wirklichkeit als Abfolge von alltäglichen und schnappschussartigen Eindrücken. Später hat sich Brinkmann enttäuscht von der Popkultur und ihren Verheißungen abgewendet; in seinem Gedichtband *Westwärts 1 & 2*, vor allem aber in der Briefsammlung *Rom, Blicke* dominiert ein eher resignierter und kulturkritischer Blick auf die westliche Kultur und ihre zerstörerischen Tendenzen.

Während mit Brinkmann jemand zumindest für kurze Zeit für die Popkultur die Werbetrommel rührte, der den subjektiven und unmittelbaren Zugang zur Wirklichkeit mit dem Wahrnehmungs- und Ausdrucksrepertoire der Medien- und Konsumkultur kombinierte, blieben andere Schriftsteller in den Grenzen der Selbstbespiegelung gefangen. Der authentisch und biographisch verbürgte Kontext des Schreibens war vielen wichtiger als ein Experimentieren mit filmisch-visuellen Ausdrucksmitteln. Nach der Politisierung in den 60er- folgte in den 70er-Jahren der Rückzug ins Private. *Neue Subjektivität* war der Oberbegriff für all jene Literaten, die den Weg von den großen gesellschaftspolitischen Ideen zurück ins Private angetreten hatten. »Kinder von Marx und Coca-Cola« hatte der französische Regisseur Jean-Luc Godard die 60er-Generation genannt. »Nun habe ich manchmal / das gefühl / als ob man es gern / sähe / wir wären nur noch / kinder von / coca cola«, beschreibt Heiko P. Ahlers in seinem Gedicht *brd*, enthalten in dem Band *Wir Kinder von Marx und Coca-Cola*, die schleichende Entpolitisierung seiner Generation. In vielen lyrischen Texten der Zeit zeichnet sich hier bereits ab, dass der Studenten-Protest der 60er-Jahre vielleicht mit seinen revolutionären Zielen gescheitert war, dass aber mit der Pop- und Rockkultur nicht nur ein wichtiges künstlerisches Medium, sondern zugleich eine bis in den Alltag hineinreichende Zeichenwelt entstanden war. »Du pfeifst eins dieser einfachen / Lieder, die du kennst, / gießt die Ravioli auf den Teller, / ein warmes Bild, gleich nimmst du es / in dich hinein, und weg.« Was im Gedicht *Ravioli* von Jürgen Theobaldy auffällt, ist der ungereimte, prosaische Tonfall, mit dem der private Kosmos ausgeleuchtet wird. Selbst alltäglichste Markennamen werden als Aufhänger benutzt für die Entfaltung einer Subjektivität, die sich keineswegs feiert, sondern als defizitär empfindet. Das hehre Ziel einer gesellschaftlichen Solidarität ist zerbröckelt, das Individuum tritt eher unfreiwillig den Rückzug ins Private an. Im gleichen Maße kommen in den Gedichten von Nicolas Born oder F. C. Delius auch die frustrierenden Erfahrungen zum Ausdruck, die die alternativen Milieus mit den Veränderungen der Pop- und Rockkultur machen müssen. Besonders erfolgreich in der Schilderung dieser milieuspezifischen Erfahrungen war in den 70er-Jahren Wolf Wondratschek. Er schlug in seinen Gedichten den ruppig-selbstverliebten Ton des Einzelkämpfers an, mit dem gerade männliche Leser sich gut identifizieren konnten. Gedichtbände wie *Chucks Zimmer* avancierten zu Megasellern, Wondratschek damit zum »Klassiker der jungen Generation« (Marcel Reich-Ranicki). Ein Grenzgänger zwischen politischem Engagement und subjektivem Schreiben, zwischen modernistischen und pop-geprägten Darstellungsformen war Bernward Vesper, dessen unvollendet gebliebener Roman *Die Reise* – Vesper nahm sich vor der Fertigstellung in einer psychiatrischen Klinik das Leben – zu den wichtigsten Zeitdokumenten der frühen 70er-Jahre zählt. Vesper erzählt auf verschiedenen Zeit- und Bewusstseinsebenen von seiner Kindheit in der Familie des Nazi-Dichters

Will Vesper, von realen Reisen quer durch Europa und imaginären Reisen durch seine Gedankenwelten.

Wenn man über Popliteratur in den 70er-Jahren spricht, kommt man an einem Autor nicht vorbei, der fernab vom westlichen Kulturbetrieb einen eigenen Weg in Sachen Popliteratur beschritten hat: dem DDR-Schriftsteller Ulrich Plenzdorf, der mit *Die neuen Leiden des jungen W.* (Roman und Theaterstück) einen wirklichen modernen Klassiker geschrieben hat. Im Jargon der Jeans-Generation erzählt Plenzdorf die Geschichte des Lehrlings Edgar Wibeau, der mit seinem Protest gegen Mutter und Lehrmeister eine verhaltene Kritik an den erstarrten Verhältnissen im real existierenden Sozialismus formuliert. Wie Goethes Werther verliebt sich Wibeau unglücklich, kommt allerdings nicht durch Selbstmord, sondern durch einen Unfall ums Leben. Obwohl Jeans und Jazz das Leben des 17-Jährigen bestimmen, findet er Gefallen an Goethes Werk und macht sich dessen Ansichten zu eigen. Damit führt Plenzdorf eine recht versöhnlich anmutende Auseinandersetzung Jugendlicher mit den kanonischen Büchern ihrer Eltern vor. Aufbegehren und Sinnsuche sind hier fast schon lehrbuchhaft aufeinander bezogen, sodass man sich unwillkürlich an J. D. Salingers *Der Fänger im Roggen* erinnert fühlt. Obwohl Plenzdorfs Roman lange Zeit (im Westen) Schullektüre gewesen ist, dürfte die bisweilen aufgesetzt wirkende Jugendlichkeit, z. B. das naive Plädoyer des Helden für die ›richtige‹ Blue Jeans, junge Leser immer schon etwas gestört haben. Thomas Brussig wird ein Vierteljahrhundert nach Plenzdorf eine weitaus gelassenere, aber ebenfalls höchst erfolgreiche Version der DDR-Popkultur abliefern: *Am kürzeren Ende der Sonnenallee* dreht sich um eine Gruppe von heranwachsenden Jungen, die im Schatten der Mauer der westlichen Rockmusik und den ostdeutschen Mädchen verfallen sind. Obwohl der Roman Aspekte wie staatliche Repression, Mangel- und Misswirtschaft und den Schießbefehl an der Mauer nicht ausklammert, wird ein Bild der DDR-Vergangenheit entworfen, das den Historiker nicht zufrieden stellen kann. Möglicherweise ging es dem Autor Brussig ein Jahrzehnt nach der Wende gar nicht mehr um ein politisch-historisch korrektes Bild der DDR, sondern um eine Allegorisierung von nostalgiegeprägten, mit Wiedererkennungswert behafteten Erinnerungen. Einem aus der Jungenclique rettet seine Popleidenschaft sogar das Leben: Ein unter dem Hemd verstecktes Doppelalbum der Rolling Stones hält die Kugel des Grenzpostens ab – natürlich konnte die Popkultur faktisch niemanden gegen staatliche Gewalt schützen. Aber es gibt, so die Botschaft des Romans, einen DDR-spezifischen Erfahrungsschatz, der nicht ausschließlich in der Faktizität der Geschichtsbücher aufgeht. Trotz seiner eher postmodernen Grundanlage hat der Roman die Entstehung einer auf Konsum- und Lebensgewohnheiten basierenden ›Ostalgie‹ nicht verhindern können. Begünstigt wurde dies allerdings auch dadurch, dass das etwas altbackene Styling der im Roman dargestellten Jungenclique zum Zeitpunkt der Verfilmung sehr gut zu der allgemeinen Begeisterung für Retro-Phänomene passte. Weitaus erfolgreicher als der Roman war seine Verfilmung von Theaterregisseur Leander Haußmann, der selber in der DDR aufgewachsen ist.

Popliteratur jenseits des bürgerlichen Kunstverständnisses konzentrierte sich in der DDR auf den Berliner Stadtteil Prenzlauer Berg. Seit den frühen 80er-Jahren entwickelte sich hier unter dem Einfluss von Punkrock eine vielfältige Kunst- und Literaturszene. Junge Schriftsteller wie Bert Papenfuß-Gorek, Uwe Kolbe und Sascha Anderson bemühten sich in ihren Texten, das ideologisch besetzte Sprachmaterial der DDR-Offiziellen unbekümmert zu demontieren. Das Damoklesschwert der staatlichen Repression erhöhte den Zusammenhalt in der Szene; Zeitschriften mit geringen Auflagen wurden aus dem Geist des Do-it-yourself gedruckt, denn andere Publikationsformen fanden die Schriftsteller nur bei Buchverlagen im Westen.

Die Popliteratur hat in ihrer Geschichte viele Entwicklungen der Popkultur insgesamt und der Popmusik im Besonderen verarbeitet. So wie in den späten 70er-Jahren die Punk- und New-Wave-Bands gegen den Bombast und den Stillstand in der etablierten Rockmusik protestierten, so machte sich mit einer gewissen zeitlichen Verzögerung damals eine neue Generation von Dichtern daran, die Literatur nach dem Vorbild des neuen Sounds interessanter zu gestalten. »Das beste Buch des Jahres ʼ81«, so der österreichische Schriftsteller Peter Glaser, »ist eine Schallplatte: *Monarchie und Alltag* von den Fehlfarben.« In dem von Glaser herausgegebenen Band *Rawums* sind Texte von Musikern, Journalisten und Künstlern enthalten, die fast alle aus dem Umfeld der *Neuen Deutschen Welle* stammen. Hier findet sich auch ein Text, der geradezu paradigmatische Bedeutung für die Aufbruchsstimmung in den frühen 80er-Jahren besitzt. Gemeint ist *Subito* von Rainald Goetz. Bei der Lesung seines Textes anlässlich der Verleihung des Ingeborg-Bachmann-Preises in Klagenfurt schlitzte sich der promovierte Mediziner mit Punkfrisur auf aufsehenerregende Weise die Stirn auf. Während er die Lesung fortsetzte, tropfte zum Entsetzen der Zuschauer Blut auf sein Manuskript. Die bizarre Körper-Text-Einheit und der darin zum Ausdruck kommende Hang zur Selbstinszenierung deutete bereits an, dass die neuen Popliteraten die Provokation suchten, mit der sie nicht nur das literarische Establishment, sondern vor allem auch die Vorgängergeneration treffen wollten. In *Subito* findet sich folgende Passage: »Wir brauchen noch mehr Reize, noch viel mehr Werbung Tempo Autos Modehedonismen Pop und nochmals Pop. Mehr vom Blauen Bock, mehr vom HardcoreSchwachsinn der TitelThesenTemperamente-UndAkzenteSendungen. Das bringt uns allabendlich in beste Trinkerlaune.« Der Tonfall erinnert an futuristische Manifeste, und in der Tat kann dieser Text als Manifest der 80er-Jahre-Pop-Poetik betrachtet werden. Goetz selber hat sich aber spätestens Ende des Jahrzehnts von diesem bilderstürmerischen Ansatz abgewendet. Während er in der ersten Dekade seines Schaffens immer wieder die Verstümmelungen und Beschädigungen des modernen Individuums ins Visier genommen hatte, stellte sich in den 90er-Jahren ein grundlegender Wandel bei ihm ein: Goetz avancierte zum Chronisten und Apologeten der Technokultur; er verkehrte fortan mit DJ-Größen wie Sven Väth und Westbam, stürzte sich euphorisch in das Nachtleben der Technoszene, verteidigte vehement eine exponentiell anwachsende Großveranstaltung wie die Love Parade und irritierte damit gleichermaßen die Pop-Intelligentsia wie auch das bürgerliche Feuilleton. Dabei sind seine Bücher wie *Celebration* oder *Rave* keineswegs nur simple Berichte von der Partyfront. Vielmehr greift Goetz hier auf vielfältige Techniken wie Cut-up, Bewusstseinsstrom und auch diskursive Textstrategien zurück, vermischt Erlebnisebene und Kommentarebene und öffnet damit seinen Diskurs auch für Außenstehende. Damit hat Goetz unter den zeitgenössischen Popliteraten eine Sonderstellung inne: Sein affirmatives Verhältnis zur Spaßkultur der 90er-Jahre beruht nicht primär auf einem provokatorischen Kalkül, sondern steht für die Begeisterungsfähigkeit eines geläuterten Zynikers. Goetz ist natürlich als Teil der Suhrkamp-Kultur privilegiert: Seinem Tagebuch-Projekt *Abfall für alle*, das nach Abschluss der einjährigen Internetpräsenz paradoxerweise als fast 900 Seiten langes Buch veröffentlicht wurde, wurde nicht zuletzt durch den Namen Suhrkamp weit mehr Aufmerksamkeit zuteil als anderen vergleichbaren Projekten.

In kritisch-konstruktivem Austausch stand und steht Goetz schon seit seinen ersten Bucherfolgen mit Diedrich Diederichsen, einem Popjournalisten, der unter einem Pseudonym in *Subito* einen Auftritt hat. Diederichsen, der selber auch einige literarische Gehversuche unternommen hat, ist der wohl einflussreichste deutsche Popdenker. Seit den frühen 80er-Jahren hat er sich in Zeitschriften wie *Sounds* und *Spex* auf ambitionierte Weise mit Popmusik und -kultur auseinander gesetzt, dabei einerseits avantgardistische Bands besprochen, andererseits aber auch Massenphänomene mit ausgeprägtem theoretischem Interesse ausgelotet und bewertet. Andere namhafte Popkritiker, die mit ihren Texten nachhaltig das Verständnis von Popkultur geprägt haben, sind Jörg Gülden (*Rolling Stone*), Thomas Groß (*Die Zeit*), die Kulturwissenschaftler Mark Terkessidis (*Spex*) und Ulf Poschardt (*SZ*) und der Musiker und Schriftsteller Hans Nieswandt.

Viele Popliteraten der 80er-Jahre machten ihre ersten künstlerischen Erfahrungen in Popbands, bevor sie sich der Literatur zuwendeten. Besonders Max Goldt ist ein interessantes Beispiel dafür, wie die so genannte *Neue Deutsche Welle* als Betätigungsfeld für vielseitig begabte junge Künstler fungierte. Goldt war Kopf und Sänger von *Foyer des Arts*, einer deutschsprachigen Popband, die es mit ihren dadaistisch-absurden Texten und ihrem typischen musikalischen Minimalismus bis in die ZDF-Hitparade brachte. Goldts Kolumnen in der satirischen Zeitschrift *Titanic*, die ihm dann ab 1989 endgültig eine treue Leserschaft bescherten, sind von einem ähnlichen Geist geprägt. Scheinbar unzusammenhängende Alltagsbeobachtungen und Reflexionen über Mode, Musik und in Vergessenheit geratende Begriffe und Umgangsformen werden zu einer humoristischen Zeitdiagnose verdichtet. Eine ähnliche Methode, Zeitgeist- und popkulturelle Phänomene mit Mitteln der Verzerrung und Hyperbolik zu beleuchten, allerdings mit stärker wertenden und provozierenden Tendenzen, findet sich bei Wiglaf Droste, der ebenfalls ab Mitte der 80er-Jahre seine ersten Texte veröffentlichen konnte. Droste wie auch Goldt können zur so genannten *Neuen Frankfurter Schule* gerechnet werden. Unter diesem ironisch in die Welt gesetzten Markennamen werden Schriftsteller und Zeichner aus dem Umfeld der satirischen Zeitschriften *Pardon* und *Titanic* gefasst, die sich seit Mitte der 60er-Jahre als humoristische Alternative zur *Frankfurter Schule* eines Max Horkheimer und

Th. W. Adorno begreifen. Zwar ist der Bezug zur Popkultur nur ein mittelbarer, gleichwohl lässt sich durchaus von einer eigenen Richtung innerhalb der deutschsprachigen Popliteratur sprechen, da die gesellschafts- und kulturkritische Ausrichtung von Robert Gernhardt, Eckhard Henscheid oder F. W. Bernstein immer auch hedonistisch-spielerische Züge trägt. Besonders die Dekonstruktion und Persiflage von sprachlichen und visuellen Medienphänomenen weist viele Ähnlichkeiten mit der Verfahrensweise von Pop auf.

Erst ab Mitte der 90er-Jahre wurden die unterschiedlich popliterarischen Phänomene in dem Bewusstsein wahrgenommen, dass man es mit einem eigenständigen Literatursegment zu tun hat. Der Beginn der Erfolgsgeschichte deutschsprachiger Popliteratur lässt sich relativ genau datieren, nämlich mit dem Erscheinen von *Faserland* im Jahre 1995. Christian Kracht war lange Zeit Journalist beim Zeitgeist-Magazin *Tempo*, Indienkorrespondent für den *Spiegel* und lebt heute in Asien. In seinem Debütroman irrt der Erzähler, ein dandyhafter, arroganter Typ, durch sein »Fatherland«, taucht kurzzeitig ein in Studenten- und Jet-Set-Milieus, begegnet auf der Reise eitlen Trendforschern, reaktionären Taxifahrern und besserwisserischen Funktionären. Seine Beobachtungen fußen auf der Einschätzung, dass die Menschen wie Marionetten ihres pseudo-individuellen Designs agieren. Ein Ankommen im emphatischen Sinne ist für ihn ausgeschlossen, sein literarisches Roadmovie endet mitten auf dem Zürichsee. Die snobistische Grundhaltung des Erzählers, sein Markenfetischismus und seine Verachtung gegenüber schlecht gekleideten Zeitgenossen hat dem Roman viel Kritik eingetragen. Möglicherweise etwas über Gebühr, denn selbst wenn man mit gutem Grund den Protagonisten unsympathisch finden kann, so heißt das nicht, dass sich dessen Ansichten mit denen des Autors decken. Kracht muss man konzedieren, dass er mit *Faserland* einen neuen Typus von Popliteratur kreiert hat. Den Hintergrund für dieses Schreiben bildet nicht mehr die sub- oder gegenkulturelle Mentalität, sondern vielmehr die einer saturierten Mittelschichtsexistenz. Hier findet sich eine Generation wieder, die ihre Sozialisation mit Pop als normal und durchschnittlich erlebt hat, der es daher nicht in den Sinn kommen würde, Pop *per se* als gegenkulturellen Entwurf anzusehen. Obwohl Kracht aus bürgerlichen Verhältnissen stammt, in Salem das Internat besucht hat und als Asienexperte beste Voraussetzungen für eine kosmopolitische Schriftstellerexistenz mitbringt, suggeriert diese Form von Popliteratur, dass es nicht viel mehr bedarf, als alltägliche Stilpräferenzen und Milieubeobachtungen in den Mittelpunkt der Geschichte zu stellen; mit diesem schlichten Konzept hat der Roman immerhin viele andere Jungschriftsteller beeinflusst – hier seien nur die Romane *Soloalbum* von Benjamin von Stuckrad-Barre oder *Phosphor* von Sven Lager genannt.

Faserland hat nicht nur die neuere deutschsprachige Popliteratur beeinflusst. Die Kontroverse um den Roman hat zugleich einen Bruch sichtbar werden lassen. Ob und wie Popliteratur in der postindustriellen Gesellschaft noch für ein gegenkulturelles Konzept stehen kann, inwiefern Krachts literarisiertes Dandytum überhaupt ein kritisches Moment eignet, ist umstritten. Dass die Fronten sich verhärtet haben, daran haben Exegeten des Buches wie der FAZ-Journalist und Autor Florian Illies einen gewissen Anteil. Er betont in seiner überaus erfolgreichen *Generation Golf*, dass Krachts Roman erstmals eine immer schon vorhandene Antipathie gegen die Generation der »Gemeinschaftskundelehrer«, »Liegeradfahrer« und »Zigarettenselbstdreher« offen thematisiert hätte: »Es wirkte befreiend, dass man endlich den gesamten Bestand an Werten und Worten der 68er-Generation, den man immer als albern empfand, auch öffentlich albern nennen konnte.« Krachts Held nimmt aber als *literarische* Figur das linksalternative Milieu mit politischer Unkorrektheit aufs Korn;

allein schon die Langeweile, der Überdruss, die lächerliche Halbbildung und die Vorliebe des Helden für die nur wenig Distinktionsgewinn versprechende Barbourjacke verweisen auf die Brüche seiner elitären Lebensform, doch Illies' Lesart ist eine durch und durch identifikatorische, die der Anlage des Romans nicht gerecht wird.

Doch mit dem Treffen des »popkulturellen Quintetts« im Jahre 1999 hat Kracht selber mit dazu beigetragen, die vereinfachende Gleichsetzung von Figur und Autor zu legitimieren. Kracht, Alexander v. Schönburg, Joachim Bessing, Eckhart Nickel und Benjamin v. Stuckrad-Barre trafen sich im edlen Berliner Hotel Adlon, um ein »Sittenbild« ihrer Generation zu entwerfen. Der Mitschnitt des Gesprächs wurde unter dem Titel *Tristesse Royale* veröffentlicht. Im Schatten des Brandenburger Tores formulierten die fünf ihre wütenden Sentenzen gegen die Mediokrität der Gegenwartskultur, die aus ihrer Sicht hauptsächlich von der gleichmacherischen Selbstverwirklichungskultur der 60er- und 70er-Jahre geprägt sei. Vor allem der in der Subkultur gepflegte ironische Umgang mit Stilen sei universell geworden. Dass die Tabuisierung von Ironie und Uneigentlichkeit selber nur ein Gedankenspiel ist und kaum konsequent durchzuhalten, zeigte sich nicht zuletzt in der Inszenierung des popkulturellen Quintetts im Hotel. Denn der Snobismus und die Besserwisserei in Geschmacksfragen kippte bisweilen um in die Hilflosigkeit dessen, der sein Differenzierungsvermögen in puncto Markennamen und Marketingstrategien als Nutzlosigkeit erkennt.

Auf einem Schriftsteller-Kongress im bayrischen Tutzing im Jahre 2000 kam es zu einer heftigen Debatte um die neue ›Pop-Fraktion‹ innerhalb der jüngeren deutschen Literatur. Maxim Biller, der selber in den 80er-Jahren in *Tempo* Geschmacks- und Stilfragen beckmesserisch erörtert hatte, warf dem popliterarischen Quintett Systemopportunismus vor. Zwar teilten viele Schriftsteller und Kritiker Billers Abrechnung mit der so genannten ›Popper-

Literatur‹, deren Vertreter wie Joachim Bessing kaum zu einer Verteidigung bereit oder in der Lage waren. Doch welche Funktion die Literatur zu übernehmen habe, blieb strittig. Die von Biller geforderte Rückkehr zu Engagement und Generationsbewusstsein wurde von vielen eher als Rückschritt empfunden.

Der Erfolgreichste des popkulturellen Quintetts ist sicherlich Benjamin von Stuckrad-Barre, der in *Tristesse Royale* als Einziger, wenn auch etwas verhalten, auf der Widerstandskraft von Pop insistiert. Stuckrad-Barre ist ein versierter Selbstdarsteller im Medienzirkus. Bevor er als Schriftsteller bekannt wurde, hatte er u. a. als Gagschreiber für Harald Schmidt gearbeitet. Darüber hinaus hat er mit dem Theater- und Performancekünstler Christoph Schlingensief kooperiert, eine eigene Literatursendung beim Musiksender MTV moderiert und ein Theaterstück für Harald Schmidt geschrieben. Seinen literarischen Durchbruch schaffte Stuckrad-Barre mit dem Roman *Soloalbum*. Sein zweiter Roman mit dem Titel *Livealbum* handelt von der Lesereise mit dem ersten Roman. Und sozusagen die dritte Station der Verwertung hatte Stuckrad-Barre erreicht, als er auch mit *Livealbum* auf Lesereise ging. *Soloalbum* besitzt zumindest ansatzweise durchaus amüsante und pointierte Beobachtungen der Differenzgesellschaft, doch die Romanform scheint nicht unbedingt das geeignete Medium für Stuckrad-Barres erstaunliche rhetorische Schärfe zu sein. Als weitaus gelungener wurden von der Kritik Stuckrad-Barres journalistische Texte und kürzere Erzählungen aufgenommen, die er unter dem Titel *Remix* veröffentlicht hat. Hier findet sich u. a. ein sehr gelungener Verriss von Salman Rushdies Roman *Der Boden unter den Füßen*. Stuckrad-Barre vermag hier zu zeigen, dass es dem begeisterten Rockfan Rushdie an einer intellektuellen Distanz zu seinem Gegenstand, der Geschichte eines Rockmusiker-Pärchens, genau dann mangelt, wenn er in der zum Klischee geronnenen Vorstellung verharrt, Rock und Pop hätten per se etwas mit jugendlicher Dissidenz und unverbrauchter Erotik zu tun. Hier dominiert bei Stuckrad-Barre nicht, wie die Kritik gerne unterstellt, ein bloßer »Geschmacksterrorismus«; die pop-kritische Methode versucht mit durchaus aufklärerischer Attitüde aufzuzeigen, dass eine nunmehr etablierte Gene-ration ihre Jugenderinnerungen in die Gegenwart hin-überrettet und sich dabei sicher sein kann, dass ihr von den gesellschaftlichen Meinungsführern Zuspruch zuteil wird.

Die so genannte ›Popper-Fraktion‹ hat die Debatte im Feuilleton über die Qualität der jungen deutschsprachigen Literatur nachhaltig bestimmt. Doch in ästhetisch-literari-schen Zusammenhängen wurden andere Autoren disku-tiert. Man könnte auf der Ebene der Verlage auch sagen: Statt Kiepenheuer & Witsch Suhrkamp. Thomas Meinecke vertritt die akademisch-intellektualistische Variante von Popliteratur. Sein Roman *Tomboy* greift die in Amerika geführten postmodernen Geschlechterdebatten auf und nimmt diese als Hintergrund für eine handlungsarme, aber in ihrer Methode, aktuelle wissenschaftliche und poptheo-retische Diskurse zu verarbeiten, sehr facettenreiche Ge-schichte im Heidelberger Universitätsmilieu der Gegen-wart. Im Zentrum der Geschichte steht die Tochter eines amerikanischen GI und einer deutschen Mutter, die gerade an ihrer Magisterarbeit über die Geschichte der Ge-schlechterpolarität schreibt. »Tomboy« ist im Amerikani-schen das paradox anmutende Wort für ein sich männlich gebendes Mädchen. Der Geschlechter-Diskurs in seinen Verzweigungen und Facetten ist in den Gesprächen der handelnden Figuren – diese versuchen allesamt mehr oder minder erfolgreich, die ›Normalität‹ des Heterosexuellen abzustreifen – präsent, bestimmt ihre eigene sexuelle Ori-entierung; allerdings bisweilen auf derart absurde Weise, dass sich der Eindruck einer Wissenschaftsparodie ein-stellt. Die Heldin glaubt im Zuge ihrer wissenschaftlichen Arbeit zwischen den verschiedensten Diskursen die bi-zarrsten Zusammenhänge zu erkennen. Hier wird die Methode des Sampelns und Neuzusammensetzens von Diskursen, die der DJ Meinecke in seinem Roman angewendet hat, selber thematisch. Allerdings ist nicht ganz zu klären, welches Verhältnis der Roman zur inflationären und begriffsverliebten Theoriebildung gerade in popintellektuellen Kreisen hegt, ob kritische Distanz oder verhaltene Zustimmung überwiegt.

Ein an der Verfahrensweise eines zeitgenössischen Popmusikers orientiertes Schreiben praktiziert Andreas Neumeister, der wie Meinecke auch als Discjockey arbeitet, in seinem ebenfalls bei Suhrkamp erschienenen Roman *Gut laut*. Im Unterschied zu Meineckes Vorliebe für einen hypotaktischen und damit eher altmodisch erscheinenden Satzbau bricht Neumeister die Einheit des epischen Diskurses komplett auf, damit wird die *eine* Erzählerstimme verabschiedet. Neumeisters Roman ist ein vielstimmiges Gebilde ohne Sinnzentrum. Ein nicht näher bestimmtes Reflektor-Ich ruft sich anlässlich eines Besuchs aus Amerika die 70er-Jahre seiner Jugend in München in Erinnerung. Dieser retrospektive Blick ist frei von Nostalgie und Wehmut, denn der Blick auf die vielseitigen Phänomene der Popsozialisation ist gewissermaßen der eines Ethnologen. Und der Fluchtpunkt dieses literarischen Projektes ist die Verbindung zwischen Vergangenheit und Gegenwart, zwischen den Anfängen der von Giorgio Moroder mitgeprägten Münchener Discomusik und der gegenwärtigen DJ- und Technokultur. Neue Popbands, Speicher- und Aufzeichnungstechniken und damit zusammenhängende ästhetische Revisionen werden begrüßt, nicht als Bedrohung empfunden. Meineckes und Neumeisters Romane fordern vom Leser einiges Vorwissen und nicht zuletzt auch die Bereitschaft, sich den Phänomenen Musik und Mode mit der distanzierten Haltung des Ethnologen zu nähern. Zu fragen wäre, ob Romane wie *Tomboy* oder *Gut laut* überhaupt noch Pop sind, ob man hier nicht eher von Diskurs- oder sprachexperimentellen Romanen sprechen müsste. Mit den anti-akademischen Forderungen von Leslie Fiedler hat diese Popliteratur nicht mehr allzu viel gemein.

Eine Vielstimmigkeit des erzählerischen Diskurses findet sich – wenn auch unter anderen ästhetischen Zielsetzungen – bei dem deutsch-türkischen Autor Feridun Zaimoglu, der mittlerweile zur Galionsfigur der neueren deutschen Migrantenliteratur aufgestiegen ist. In seinen Büchern *Kanak Sprak. 24 Misstöne vom Rande der Gesellschaft* und *Koppstoff* leiht er türkisch- und kurdischstämmigen Menschen seine Stimme, kleidet ihre Erfahrungen als Migranten und Außenseiter in Deutschland in eine höchst originelle und forsche Sprache, in der sich Elemente des Türkischen, der Gossensprache und des Jugendslangs mischen. Die Kanak Sprak ist für Zaimoglu nicht nur eine Sprachmixtur von der Straße, sondern zugleich ein ästhetisches Programm, um den unterschiedlichsten konservativen, aber auch progressiven Versuchen, die Migranten zu disziplinieren, zu integrieren oder als Exoten zu idealisieren, vehement zu widersprechen. »Der Aleman ist n wilder Exotenmaler in seinem Element …«, sagt eine junge Türkin in dem Buch *Koppstoff*. Stellen wie diese werfen natürlich die Frage auf, inwiefern Zaimoglu die unbekannten und auch vom öffentlichen Diskurs unterschlagenen Seiten des Migrantendaseins objektiv wiedergibt und wo er den Figuren seine eigene, durchaus aber zu diskutierende Position oktroyiert. Seine Vorliebe für Figuren aus der Unterwelt und dem Rotlichtmilieu deutet jedenfalls an, dass er sich bei der Wahl seiner Gestalten und Themen weniger von soziologischen Fakten als von literarischen Vorlieben leiten lässt. Andere Autoren, die als moderne Migranten zwischen unterschiedlichen Sprachen und Kulturen stehen und die mit der popliterarischen Methode einen anderen Zugang zur Wirklichkeit wählen als die erste Generation von schreibenden Immigranten, wären beispielsweise Selim Özdogan (*Es ist so einsam im Sattel, seit das Pferd tot ist*) oder Wladimir Kaminer (*Russen-Disco*).

Sowohl die ›Popper-Fraktion‹ als auch die akademischen Vertreter zeitgenössischer Popliteratur richten sich zumindest nicht primär an Jugendliche oder junge Leser, sondern eher an jene, die dem Jugendalter schon einige Zeit entwachsen sind und ein nostalgisches bis archäologisches Verhältnis zu ihrer Popsozialisation hegen. Aber es gibt noch einen Mainstream innerhalb der deutschen Popliteratur, der von Autorinnen und Autoren geprägt wird, die sich durchaus an ein jugendliches Publikum wenden. Der Star heißt – Nomen est omen – Benjamin und ist auch vier Jahre nach seinem Romandebüt immer noch der jüngste unter den etablierten Autoren. Gemeint ist Benjamin Lebert, Jahrgang 1982, den damit fast drei Jahrzehnte von Rainald Goetz trennen. Lebert konnte mit *Crazy* einen Überraschungserfolg landen; mehr als 300 000 Exemplare wurden verkauft und die ebenfalls erfolgreiche Verfilmung von Hans Christian Schmid konnte die Bekanntheit noch einmal steigern. Der Held des Romans ist wie Lebert halbseitig gelähmt, besucht ein Internat und heißt Benjamin. *Crazy* nimmt seinen Anfang mit einem Internatswechsel, auf dass der Protagonist seine mangelhaften schulischen Leistungen verbessere. Der melancholische Junge möchte sich in der Welt der Starken und Gesunden behaupten, was ihm nach einigen Startschwierigkeiten auch gelingt. Mit seiner Jungenclique teilt er sowohl die frustrierenden Momente des Internatsaufenthaltes wie auch die genretypischen nächtlichen Bacchanalien (Sex und Drogen). Obwohl im Durchschnitt gerade mal sechzehn, können sich die Jungen auf merkwürdig reife Weise ihr Leben in philosophischen Diskursen gegenseitig erklären. Eltern oder Pädagogen spielen dabei keine Rolle, zumindest keine positive. Nach einem abenteuerlichen Besuch in einer Striptease-Bar fragt einer der Jungen: »Was war das Ganze?«, worauf Benjamin altklug antwortet: »Ich glaube, man könnte es als eine Geschichte bezeichnen.« Die Coming-of-age-Geschichte in *Crazy* ist insgesamt höchst traditionell angelegt; manche Metaphern wie die des »Lebensfadens« sind so weit vom sprachlichen Repertoire eines Jugendlichen entfernt, dass nicht ganz zu Unrecht der Verdacht entstehen könnte, ein professioneller Lektor hätte Lebert beim Verfassen seines Textes assistiert. Einige Jahre älter als Lebert, aber mit einer medientauglichen femininen Jugendlichkeit gesegnet ist Alexa Hennig von Lange, die u. a. eine Kindersendung moderierte und Drehbücher für Vorabendserien schrieb. Mit ihrem Roman *Relax*, ihrem Romandebüt, hat sie auf sich aufmerksam machen können. Der Titel *Relax* steht programmatisch für eine Jugendkultur, die nichts anderes zu kennen scheint als die schnelle Befriedigung von Gelüsten. Der Roman besteht aus zwei Monologen, die jeweils den gleichen Zeitabschnitt aus dem Leben eines jungen Paares wiedergeben. Zuerst erzählt oder besser: monologisiert der Junge namens Chris, danach das Mädchen, die von ihm immer nur »Kleine« genannt wird. Dem Mädchen fällt dabei recht traditionell die Rolle derjenigen zu, die zu Hause auf das Eintreffen ihres Freundes wartet und sich ansonsten in die triviale Gedankenwelt eines »Proll-Flittchen« (Hubert Winkels) flüchtet, während Chris mit seinen Freunden durch die Gegend zieht. Das Leben ist hier eine Abfolge von disparaten Momenten, Zukünftiges und Vergangenes wird nicht thematisiert, daher erscheint die Wahl des monologischen Zeigens und der Verzicht auf eine Deutung seitens einer Erzählinstanz recht plausibel. Obwohl sich *Relax* in seiner auf Gedanken- und Dialogsplitter reduzierten Erzählweise wohltuend von Leberts altkluger Internatsprosa unterscheidet, bleibt zu fragen, ob nicht mit dem drastischen Ende – der Junge stirbt (höchst wahrscheinlich) nach übermäßigem Pillengenuss – das Muster eines Kolportageromans bemüht wird. Der leichtsinnige Held wird bestraft, die besorgte Freundin kommt zu spät, um ihm zu helfen.

Alexa Hennig von Lange ist eine von vielen weiblichen Popliteraten: Hier wären ohne Anspruch auf Vollständigkeit Sybille Berg, Elke Naters, Kathrin Röggla, Tanja Dückers, Judith Hermann oder Zoë Jenny zu nennen, deren Verwurzelung im popliterarischen Schreiben einer Rubrizierung unter Frauenliteratur entgegensteht. Im Falle von Sybille Berg hat man diese Vereinnahmung versucht, doch in ihren Texten lässt sich insgesamt keine geschlechtsspezifische Tendenz ausmachen, die das rechtfertigen würde. In ihrem Roman *Ein paar Leute suchen das Glück und lachen sich tot*, in dem eine Vielzahl von einander sich überlagernden Einzelschicksalen erzählt wird, erteilt Berg dem in der Werbung und in Lifestyle-Magazinen vermittelten Stereotyp fröhlicher, ungebundener und promisker junger Menschen eine Absage, ohne dabei moralisieren zu wollen. Der nüchterne Duktus scheint für einen Detailrealismus zu stehen, der jedoch nicht Selbstzweck ist. Die drastisch-makabren Pointen verweisen auf die Tradition des schwarzen Humors, wie man ihn beispielsweise in den Filmen des amerikanischen Regisseurs Quentin Tarantino (*Pulp Fiction*) antrifft.

Die Aufmerksamkeit, die der Popliteratur sowohl vom Boulevardjournalismus als auch vom Feuilleton zuteil geworden ist, dürfte künftig wohl wieder etwas nachlassen. Das große Interesse an Pop und Literatur verdankt sich nicht zuletzt der Tatsache, dass die literaturkritischen Debatten besonders in Deutschland immer noch auf der Suche sind nach einem neuen Paradigma von Gegenwartsliteratur. Nachdem die großen Debatten um postmodernes Erzählen geschlagen waren, stürzte man sich auf die mit Jugendlichkeit und Nonchalance aufwartende *Generation Pop*. Die Popliteratur wird sicherlich nicht die (Dauer-)Krise der deutschsprachigen Gegenwartsliteratur beenden können. Dafür wird die Debatte in Deutschland nach wie vor noch zu sehr vom Gegensatz zwischen E und U bestimmt; im angelsächsischen Raum dagegen gehören Popautoren wie Nick Hornby (*High Fidelity*), Irvine Welsh (*Trainspotting*) oder Douglas Coupland (*Generation X*) ohne Wenn und Aber zur etablierten Literatur.

Bei genauerer Betrachtung ergeben sich durchaus thematische Bereiche, in denen Popautoren die heutigen Lebenswelten genauer abzubilden vermögen, als dies die Vertreter der Hochliteratur können und wollen. Popliteratur kann Alltagspraktiken archivieren, kommentieren und aus dem alltäglichen Material neue Formen und Themen generieren. Sie kann der Flüchtigkeit der Warenwelt etwas entgegensetzen, indem sie beispielsweise der Abfolge von Stilen und Moden eine geschichtliche Logik unterstellt, Kategorien und Unterscheidungen konstruiert, wenngleich dieses neu gewonnene Instrumentarium selber etwas Fragiles und Transitorisches auszeichnet. Ein Beispiel wäre hier die Generationsdebatte, die der soziologischen Diagnose vom Ende der Generationsbegriffe und Altersgruppenzugehörigkeit zum Trotz neue Begriffe geprägt hat. In vielen popliterarischen Texten wurde abstrakt bleibenden Begriffen wie *78er* und *89er* überhaupt erst Leben eingehaucht. Man mag hier einwenden, dass diese Begriffe letztendlich erst die Phänomene erzeugen, die sie abzubilden vorgeben. Doch an diesen sich überlagernden und widersprechenden Konstrukten lässt sich doch auch ablesen, dass die Differenz- oder Erlebnisgesellschaft doch nicht nur feine, aber soziologisch indifferent bleibende Unterschiede erzeugt; in dem Maße, wie die einst als alterslos deklarierte Popkultur in die Jahre kommt, kann das literarische Ausloten und Vermessen von individuellen und kollektiven Lebensformen, unabhängig davon, ob dabei der archäologisch-wissenschaftliche oder der wertend-lebenspraktische Ansatz dominiert, das Bewusstsein für kulturelle und gesellschaftliche Veränderungen schärfen.

Zur Textauswahl

Anstelle einer thematischen Gruppierung findet man hier eine an das Lebensalter der Autoren angelehnte chronologische Abfolge. Diese soll keineswegs die Existenz einer kohärenten Geschichte der Popliteratur suggerieren. Wie bereits ausgeführt wurde, war für manche Autoren die Literatur als Medium nicht die erste Wahl, manche haben erst über den ›Umweg Musik‹ und damit in einigen Fällen erst spät zur Literatur gefunden, andere nach anfänglichen Experimenten sich wieder der ›Sublimliteratur‹ und deren literarischen Formen zugewendet. Die Attraktivität popliterarischer Texte, ihre (suggerierte und nicht immer eingelöste) Lebensunmittelbarkeit, stellt zugleich für eine didaktisch aufbereitete Anthologie ein Problem dar. Oftmals erschließen sich manche Texte nur, wenn man ein bestimmtes Insiderwissen hat, Namen von Künstlern und Platten-Labels kennt und einzuordnen weiß. Gerade die Popliteratur der 60er- und 70er-Jahre zeichnet oftmals ein eigentümlicher Hermetismus aus, der einer Aufnahme in einen Band wie diesen entgegensteht. Für die Genese der Popliteratur ungemein wichtige Texte wie Hubert Fichtes *Palette* oder Bernward Vespers *Die Reise* erfordern ein bestimmtes Vorwissen, das im Literaturunterricht kaum erarbeitet werden kann.

Auch eine andere Gruppe von Texten blieb weitgehend unberücksichtigt: Es handelt sich dabei um das weite und unübersichtliche Feld der Underground- oder Social-Beat-Literatur, die einerseits den Vorteil bietet, so etwas wie subkulturelle Dissidenz in Reinkultur zu verkörpern. Doch dafür handelt es sich meist um marginale Texte, Eintagsfliegen oftmals. Sicherlich wird hier der Connaisseur dieser Spielart von Popliteratur die Stirn runzeln. Denn die Beschränkung auf weitgehend etablierte und renommierte Autoren scheint der Idee einer sich aus dem subkulturellen Milieu rekrutierenden Literatur zuwiderzulaufen. Andererseits können die Schüler im Falle eines halbwegs bekannten Autors leichter Recherchen betreiben und auch weiterführende Literatur finden. Wer sich dennoch auch mit den ›bodenständigeren‹ Autoren beschäftigen möchte, dem sei von den im

Anhang genannten Anthologien besonders *Poetry! Slam!* empfohlen.[1]

Stattdessen wurde versucht, Texte und Textauszüge aufzunehmen, die relativ unproblematisch und weitgehend ohne Hilfe von Kontexten erschlossen werden können und die dennoch eine Lektüre ermöglichen, die jenseits von hochkultureller Kontemplation, aber ebenso jenseits von trivialliterarischer Eindeutigkeit steht.

---

1 Ausgespart blieben zudem unselbstständige Songtexte (Lyrics); hier liegt seit 2001 vom Reclam-Verlag auch der Band »Rap-Texte« in der Reihe »Arbeitstexte für den Unterricht« vor, auf den Lehrer und Schüler zurückgreifen können.

II. Texte

Ernst Jandl *(1925–2000) aus Österreich ist ein Vertreter experimentellen Schreibens. Seine Gedichte gehören dennoch zu den beliebtesten deutscher Sprache, weil sie zeigen, dass der spielerische Umgang mit dem sprachlichen Material Sprachbewusstsein fördern u n d unterhaltsam sein kann.*

1. oberflächenübersetzung

my heart leaps up when i behold
a rainbow in the sky
so was it when my life began
so is it now i am a man
so be it when i shall grow old
or let me die!
the child is father of the man
and i could wish my days to be
bound each to each by natural piety

(william wordsworth)

mai hart lieb zapfen eibe hold
er renn bohr in sees kai
so was sieht wenn mai läuft begehen
so es sieht nahe emma mähen
so biet wenn ärschel grollt
ohr leck mit ei!
seht steil dies fader rosse mähen
in teig kurt wisch mai desto bier
baum deutsche deutsch bajonett schur alp eiertier

Ulrich Plenzdorf *(geb. 1934) war in der DDR einer der meistgespielten Dramatiker. Bekannt wurde er aber vor allem durch die Erzählung* Die neuen Leiden des jungen W., *die er auch für die Bühne bearbeitete. Plenzdorf nimmt Goethes »Werther« als Folie, um das Lebensgefühl einer eher skeptischen »Jeans«-Generation in der DDR auszudrücken. In seiner Version des Stoffes ist Werther ein junger Anstreicher namens Edgar Wibeau, der sich weitgehend dem sozialistischen Arbeitsleben entzieht und lieber herumgammelt. Dann verliebt er sich in eine junge Kindergärtnerin, die jedoch bereits liiert ist. Wibeau kommt bei einem tragischen Arbeitsunfall ums Leben. In dem hier abgedruckten Auszug entdeckt Wibeau per Zufall den »Werther« Goethes und findet später Gefallen an dem Text.*

2. *Die neuen Leiden des jungen W.*

Natürlich Jeans! Oder kann sich einer ein Leben ohne Jeans vorstellen? Jeans sind die edelsten Hosen der Welt. Dafür verzichte ich doch auf die ganzen synthetischen Lappen aus der Jumo, die ewig tiffig aussehen. Für Jeans konnte ich überhaupt auf alles verzichten, außer der *schönsten Sache* vielleicht. Und außer Musik. Ich meine jetzt nicht irgendeinen Händelsohn Bacholdy, sondern echte Musik, Leute. Ich hatte nichts gegen Bacholdy oder einen, aber sie rissen mich nicht gerade vom Hocker. Ich meine natürlich echte Jeans. Es gibt ja auch einen Haufen Plunder, der bloß so tut wie echte Jeans. Dafür lieber gar keine Hosen. Echte Jeans dürfen zum Beispiel keinen Reißverschluß haben vorn. Es gibt ja überhaupt nur eine Sorte echte Jeans. Wer echter Jeansträger ist, weiß, welche ich meine. Was nicht heißt, daß jeder, der echte Jeans trägt, auch echter Jeansträger ist. Die meisten wissen gar nicht, was sie da auf dem Leib haben. Es tötete mich immer fast gar nicht, wenn ich so einen fünfundzwanzigjährigen Knacker mit Jeans sah, die er sich über seine verfetteten

Hüften gezwängt hatte und in der Taille zugeschnürt. Dabei sind Jeans Hüfthosen, das heißt Hosen, die einem von der Hüfte rutschen, wenn sie nicht eng genug sind und einfach durch Reibungswiderstand obenbleiben. Dazu darf man natürlich keine fetten Hüften haben und einen fetten Arsch schon gar nicht, weil sie sonst nicht zugehen im Bund. Das kapiert einer mit fünfundzwanzig schon nicht mehr. Das ist, wie wenn einer dem Abzeichen nach Kommunist ist und zu Hause seine Frau prügelt. Ich meine, Jeans sind eine Einstellung und keine Hosen. Ich hab überhaupt manchmal gedacht, man dürfte nicht älter werden als siebzehn – achtzehn. Danach fängt es mit dem Beruf an oder mit irgendeinem Studium oder mit der Armee, und dann ist mit keinem mehr zu reden. Ich hab jedenfalls keinen gekannt. Vielleicht versteht mich keiner. Dann zieht man eben Jeans an, die einem nicht mehr zustehen. Edel ist wieder, wenn einer auf Rente ist und trägt dann Jeans, mit Bauch und Hosenträgern. Das ist wieder edel. Ich hab aber keinen gekannt, außer Zaremba. Zaremba war edel. Der hätte welche tragen können, wenn er gewollt hätte, und es hätte keinen angestunken.

> »Ed wollte sogar, daß ich dableiben sollte. ›Wir kommen durch!‹ sagte er. Aber das war nicht geplant, und ich konnte es auch nicht. Ed konnte das, ich nicht. Ich wollte schon, aber ich konnte nicht.
> Ed sagte dann noch: Zu Hause sag: Ich lebe, und damit gut. Das war das letzte, was ich von ihm hörte. Ich bin dann zurückgefahren.«

Du bist in Ordnung, Willi. Du kannst so bleiben. Du bist ein Steher. Ich bin zufrieden mit dir. Wenn ich ein Testament gemacht hätte, hätte ich dich zu meinem Alleinerben gemacht. Vielleicht hab ich dich immer unterschätzt. Wie du mir die Laube eingeredet hast, war sauber. Aber ich hab es auch nicht ehrlich gemeint, daß du dableiben solltest. Ich meine, ehrlich schon. Wir wären gut gefahren zusammen. Aber wirklich ehrlich nicht. Wenn einer sein Leben lang nie echt allein gewesen ist und er *hat* plötzlich die Chance, dann ist er vielleicht nicht ganz ehrlich. Ich hoffe, du hast es nicht gemerkt. Wenn doch, vergiß es. Als du weg warst, kam ich jedenfalls noch in eine ganz verrückte Stimmung. Erst wollte ich einfach pennen gehen, ganz automatisch. Meine Zeit war ran. Dann fing ich erst an zu begreifen, daß ich ab jetzt machen konnte, wozu ich Lust hatte. Daß mir keiner mehr reinreden konnte. Daß ich mir nicht mal mehr die Hände zu waschen brauchte vorm Essen, wenn ich nicht wollte. Essen hätte ich eigentlich müssen, aber ich hatte nicht *so* viel Hunger. Ich verstreute also zunächst mal meine sämtlichen Plünnen und Rapeiken möglichst systemlos im Raum. Die Socken auf den Tisch. Das war der Clou. Dann griff ich zum Mikro, warf den Recorder an und fing mit einer meiner Privatsendungen an: Damen und Herren! Kumpels und Kumpelinen! Gerechte und Ungerechte! Entspannt euch! Scheucht eure kleinen Geschwister ins Kino! Sperrt eure Eltern in die Speisekammer! Hier ist wieder euer Eddie, der Unverwüstliche ...

Ich fing meinen Bluejeans-Song an, den ich vor drei Jahren gemacht hatte und der jedes Jahr besser wurde.

> Oh, Bluejeans
> White Jeans? – No
> Black Jeans? – No
> Blue Jeans, oh
> Oh, Bluejeans, jeah
>
> Oh, Bluejeans
> Old Jeans? – No
> New Jeans? – No
> Blue Jeans, oh
> Oh, Bluejeans, jeah

Vielleicht kann sich das einer vorstellen. Das alles in diesem ganz satten Sound, in *seinem* Stil eben. Manche halten *ihn* für tot. Das ist völliger Humbug. Satchmo ist überhaupt nicht totzukriegen, weil der Jazz nicht totzukriegen ist. Ich glaube, ich hatte diesen Song vorher nie so gut draufgehabt. Anschließend fühlte ich mich wie Robinson Crusoe und Satchmo auf einmal. Robinson Satchmo. Ich Idiot pinnte meine gesammelten Werke an die Wand. Immerhin wußte so jeder gleich Bescheid: Hier wohnt das verkannte Genie Edgar Wibeau. Ich war vielleicht ein Idiot, Leute! Aber ich war echt high. Ich wußte nicht, was ich zuerst machen sollte. An sich wollte ich gleich in die Stadt fahren und mir Berlin beschnarchen, das ganze Nachtleben und das und ins Hugenottenmuseum gehen. Ich sagte wohl schon, daß ich väterlicherseits Hugenotte war. Ich nahm stark an, daß ich in Berlin Hinweise auf die Familie Wibeau finden würde. Ich glaube, ich Idiot hatte die Hoffnung, das wären vielleicht Adlige gewesen. Edgar de Wibeau und so. Aber ich sagte mir, daß um die Zeit wohl kein Museum mehr offenhaben würde. Ich wußte auch nicht, wo es war.

Ich analysierte mich kurz und stellte fest, daß ich eigentlich lesen wollte, und zwar wenigstens bis gegen Morgen. Dann wollte ich bis Mittag pennen und dann sehen, wie der Hase läuft in Berlin. Überhaupt wollte ich es so machen: bis Mittag schlafen und dann bis Mitternacht leben. Ich wurde sowieso im Leben nie vor Mittag wirklich munter. Mein Problem war bloß: Ich hatte keinen Stoff. – Ich hoffe, es denkt jetzt keiner, ich meine Hasch und das Opium. Ich hatte nichts gegen Hasch. Ich kannte zwar keinen. Aber ich glaube, ich Idiot wäre so idiotisch gewesen, welchen zu nehmen, wenn ich irgendwo hätte welchen aufreißen können. Aus purer Neugierde. Old Willi und ich hatten seinerzeit ein halbes Jahr Bananenschalen gesammelt und sie getrocknet. Das soll etwa so gut wie Hasch sein. Ich hab nicht die Bohne was gemerkt, außer daß mir die Spucke den ganzen Hals zuklebte. Wir legten uns auf den Teppich, ließen den Recorder laufen und rauchten diese Schalen. Als nichts passierte, fing ich an die Augen zu verdrehen und verzückt zu lächeln und ungeheuer rumzuspinnen, als wenn ich sonstwie high wäre. Als Old Willi das sah, fing er auch an, aber ich bin überzeugt, bei ihm spielte sich genausowenig ab wie bei mir. Ich bin übrigens nie wieder auf den Bananenstoff und solchen Mist zurückgekommen, überhaupt auf keinen Stoff. Was ich also meine, ist: ich hatte keinen Lesestoff. Oder denkt einer, ich hätte vielleicht Bücher mitgeschleppt? Nicht mal meine Lieblingsbücher. Ich dachte, ich wollte nicht Sachen von früher mit rumschleppen. Außerdem kannte ich die zwei Bücher so gut wie auswendig. Meine Meinung zu Büchern war: Alle Bücher kann kein Mensch lesen, nicht mal alle sehr guten. Folglich konzentrierte ich mich auf zwei. Sowieso sind meiner Meinung nach in jedem Buch fast *alle* Bücher. Ich weiß nicht, ob mich einer versteht. Ich meine, um ein Buch zu schreiben, muß einer ein paar tausend Stück andere gelesen haben. Ich kann's mir jedenfalls nicht anders vorstellen. Sagen wir: dreitausend. Und jedes davon hat einer verfaßt, der selber dreitausend gelesen hat. Kein Mensch weiß, wieviel Bücher es gibt. Aber bei dieser einfachen Rechnung kommen schon ...zig Milliarden und das mal zwei raus. Ich fand, das reicht. Meine zwei Lieblingsbücher waren: *Robinson Crusoe*. Jetzt wird vielleicht einer grinsen. Ich hätte das nie im Leben zugegeben. Das andere war von diesem Salinger. Ich hatte es durch puren Zufall in die Klauen gekriegt. Kein Mensch kannte das. Ich meine: kein Mensch hatte es mir empfohlen oder so. Bloß gut. Ich hätte es dann nie angefaßt. Meine Erfahrungen mit empfohlenen Büchern waren hervorragend mies. Ich Idiot war so verrückt, daß ich ein empfohlenes Buch blöd fand, selbst wenn es gut war. Trotzdem werd ich jetzt noch blaß, wenn ich denke, ich hätte dieses Buch vielleicht nie in die Finger gekriegt. Dieser Salinger ist ein edler Kerl. Wie er da in diesem nassen New York rumkraucht und nicht nach Hause kann, weil er von dieser Schule abgehauen ist, wo sie ihn sowieso exen wollten, das ging mir immer ungeheuer an die Nieren. Wenn ich seine Adresse gewußt hätte, hätte ich ihm geschrieben, er soll zu uns rüberkommen. Er muß genau in meinem Alter gewesen sein. Mittenberg war natürlich ein Nest gegen New York, aber erholt hätte er sich hervorragend bei uns. Vor allem hätten wir seine blöden sexuellen Probleme beseitigt. Das ist vielleicht das einzige, was ich an Salinger nie verstanden habe. Das sagt sich vielleicht leicht für einen, der nie sexuelle Probleme hatte. Ich kann nur jedem sagen, der diese Schwierigkeiten hat, er soll sich eine Freundin anschaffen. Das ist der einzige Weg. Ich meine jetzt nicht, irgendeine. Das nie. Aber wenn man zum Beispiel merkt, eine lacht über dieselben Sachen wie man selbst. Das ist schon immer ein sicheres Zeichen, Leute. Ich hätte Salinger sofort wenigstens zwei in Mittenberg sagen können, die über dieselben Sachen gelacht hätten wie er. Und wenn nicht, dann hätten wir sie dazu gebracht.

Wenn ich gewollt hätte, hätte ich mich hinhauen können und das ganze Buch trocken lesen können oder auch den *Crusoe*. Ich meine: ich konnte sie im Kopf lesen. Das war meine Methode zu Hause, wenn ich einer gewissen Frau Wibeau mal wieder keinen Ärger machen wollte. Aber darauf war ich schließlich nicht mehr angewiesen. Ich fing an, Willis Laube nach was Lesbarem durchzukramen. Du Scheiße! Seine Alten mußten plötzlich zu Wohlstand gekommen sein. Das gesamte alte Möblement einer Vierzimmerwohnung hatten sie hier gestapelt, mit allem Drum und Dran. Aber kein lumpiges Buch, nicht mal ein Stück Zeitung. Überhaupt kein Papier. Auch nicht in dem Loch von Küche. Eine komplette Einrichtung, aber kein Buch. Willis alte Leute mußten ungeheuer an ihren Büchern gehangen haben. In dem Moment fühlte ich mich unwohl. Der Garten war dunkel wie ein Loch. Ich rannte mir fast überhaupt nicht meine olle Birne an der Pumpe und an den Bäumen da ein, bis ich das Plumpsklo fand. An sich wollte ich mich bloß verflüssigen, aber wie immer breitete sich das Gerücht davon in meinen gesamten Därmen aus. Das war ein echtes Leiden von mir. Zeitlebens konnte ich die beiden Geschichten nicht auseinanderhalten. Wenn ich mich verflüssigen mußte, mußte ich auch immer ein Ei legen, da half nichts. Und kein Papier, Leute. Ich fummelte wie ein Irrer in dem ganzen Klo rum. Und dabei kriegte ich dann dieses berühmte Buch oder Heft in die Klauen. Um irgendwas zu erkennen, war es zu dunkel. Ich opferte also zunächst die Deckel, dann die Titelseite und dann die letzten Seiten, wo erfahrungsgemäß das Nachwort steht, das sowieso kein Aas liest. Bei Licht stellte ich fest, daß ich tatsächlich völlig exakt gearbeitet hatte. Vorher legte ich aber noch eine Gedenkminute ein. Immerhin war ich soeben den letzten Rest von Mittenberg losgeworden. Nach zwei Seiten schoß ich den Vogel in die Ecke. Leute, das konnte wirklich kein Schwein lesen. Beim besten Willen nicht. Fünf Minuten später hatte ich den Vogel wieder in der Hand. Entweder ich wollte bis früh lesen oder nicht. Das war meine Art. Drei Stunden später hatte ich es hinter mir.

Ich war fast gar nicht sauer! Der Kerl in dem Buch, dieser Werther, wie er hieß, macht am Schluß Selbstmord. Gibt einfach den Löffel ab. Schießt sich ein Loch in seine olle Birne, weil er die Frau nicht kriegen kann, die er haben will, und tut sich ungeheuer leid dabei. Wenn er nicht völlig verblödet war, mußte er doch sehen, daß sie nur darauf wartete, daß er was *machte*, diese Charlotte. Ich meine, wenn ich mit einer Frau allein im Zimmer bin und wenn ich weiß, vor einer halben Stunde oder so kommt keiner da rein, Leute, dann versuch ich doch *alles*. Kann sein, ich handle mir ein paar Schellen ein, na und? Immer noch besser als eine verpaßte Gelegenheit. Außerdem gibt es höchstens in zwei von zehn Fällen Schellen. Das ist Tatsache. Und dieser Werther war … zigmal mit ihr allein. Schon in diesem Park. Und was macht er? Er sieht ruhig zu, wie sie heiratet. Und dann murkst er sich ab. Dem war nicht zu helfen.

Wirklich leid tat mir bloß die Frau. Jetzt saß sie mit ihrem Mann da, diesem Kissenpuper. Wenigstens daran hätte Werther denken müssen. Und dann: Nehmen wir mal an, an die Frau wäre wirklich kein Rankommen gewesen. Das war noch lange kein Grund, sich zu durchlöchern. Er hatte doch ein Pferd! Da wär ich doch wie nichts in die Wälder. Davon gab's doch damals noch genug. Und Kumpels hätte er eins zu tausend massenweise gefunden. Zum Beispiel Thomas Müntzer oder wen. Das war nichts Reelles. Reiner Mist. Außerdem dieser Stil. Das wimmelte nur so von Herz und Seele und Glück und Tränen. Ich kann mir nicht vorstellen, daß welche so geredet haben sollen, auch nicht vor drei Jahrhunderten. Der ganze Apparat bestand aus lauter Briefen, von diesem unmöglichen Werther an seinen Kumpel zu Hause. Das sollte wahrscheinlich ungeheuer originell wirken oder unausgedacht. Der das geschrieben hat, soll sich mal meinen Salinger durchlesen. *Das* ist echt, Leute! Ich kann euch nur raten, ihn zu lesen, wenn ihr ihn irgendwo aufreißen könnt. Reißt euch das Ding unter den Nagel, wenn ihr es bei irgendwem stehen seht, und gebt es nicht wieder her! Leiht es euch aus und gebt es nicht wieder zurück. Ihr sagt einfach, ihr habt es verloren. Das kostet fünf Mark, na und? Laßt euch nicht etwa vom Titel täuschen. Ich gebe zu, er popt nicht besonders, vielleicht ist er schlecht übersetzt, aber egal. Oder ihr seht euch den Film an. Das heißt, ich weiß nicht genau, ob es einen Film danach gibt. Es ging mir damit wie mit Robinson. Ich sah alles ganz genau vor mir, jedes Bild. Ich weiß nicht, ob das einer kennt. Man sieht alles so genau vor sich, als wenn man es im Film gesehen hat, und dann stellt sich heraus, es gibt überhaupt keinen Film. Aber wenn es tatsächlich keinen Salinger-Film gibt, kann ich jedem Regisseur nur raten, einen zu drehen. Er hat den Erfolg schon in der Tasche. Ich weiß zwar nicht, ob ich selbst hingegangen wäre. Ich glaube, ich hätte Schiß gehabt, mir meinen eigenen Film kaputtmachen zu lassen. Ich war zeitlebens überhaupt kein großer Kinofan. Wenn es nicht gerade Chaplin gab oder etwas in der Art, diese überdrehten Melonenfilme, wo die Bullen in ihren idiotischen Tropenhelmen immer so herrlich verarscht werden, hättet ihr mich in jedem Kino suchen können. Oder *Junge Dornen* mit Sidney Poitier, vielleicht kennt den einer. Den hätte ich mir jeden Tag ansehen können. Ich rede jetzt natürlich nicht von diesen Pflichtfilmen für den Geschichtsunterricht. Da mußte einer hin. Die standen im Lehrplan. Ich ging da übrigens gern hin. Man kriegte in einer Stunde mit, wozu man sonst ewig und drei Tage im Geschichtsbuch rumlesen mußte. Ich fand immer, das war ein praktisches Verfahren. Ich hätte gern mal einen gesprochen, der solche Filme macht. Ich hätte ihm gesagt: Weiter so. Ich finde, solche Leute muß man ermuntern. Sie sparen einem viel Zeit. Ich war zwar mit jemand vom Film bekannt, es war zwar kein Regisseur, der Mann schrieb die Bücher, aber ich glaube, kaum für solche Geschichtsfilme.

Er grinste bloß, als ich ihm meine Meinung dazu sagte. Ich konnte ihm nicht klarmachen, daß ich es ernst damit meinte. Ich lernte ihn kennen, als sie uns eines Tages von der Berufsschule in einen Film scheuchten, zu dem er das Buch geliefert hatte. Anschließend: Gespräch mit den Schöpfern. Aber nun nicht jeder, der wollte, sondern nur die Besten, die Vorbilder – als Auszeichnung. Die ganze Show fand nämlich während des Unterrichts statt. Und vorneweg natürlich Edgar Wibeau, dieser intelligente, gebildete, disziplinierte Junge. Unser Prachtstück! Und all die anderen Prachtstücke aus den anderen Lehrjahren, pro Lehrjahr immer zwei.

Robert Gernhardt *(geb. 1937), der als Lyriker, Karikaturist, Essayist und Erzähler arbeitet, gilt als der prominenteste Vertreter der so genannten ›Neuen Frankfurter Schule‹. Er ist Mitbegründer der satirischen Zeitschrift* Pardon *und hat später regelmäßig für die* Titanic *geschrieben. Nebenbei hat er auch die Drehbücher für die Spielfilme mit Otto Waalkes (»Otto«) verfasst.*

3. *Materialien zu einer Kritik der bekanntesten Gedichtform italienischen Ursprungs*

Sonette find ich sowas von beschissen,
so eng, rigide, irgendwie nicht gut;
es macht mich ehrlich richtig krank zu wissen,
daß wer Sonette schreibt. Daß wer den Mut

hat, heute noch so 'n dumpfen Scheiß zu bauen;
allein der Fakt, daß so ein Typ das tut,
kann mir in echt den ganzen Tag versauen.
Ich hab da eine Sperre. Und die Wut

darüber, daß so 'n abgefuckter Kacker
mich mittels seiner Wichserein blockiert,
schafft in mir Aggressionen auf den Macker.

Ich tick nicht, was das Arschloch motiviert.
Ich tick es echt nicht. Und wills echt nicht wissen:
Ich find Sonette unheimlich beschissen.

Rolf Dieter Brinkmann *(1940–75) gilt als Begründer und Wegbereiter der deutschsprachigen Pop- und Undergroundliteratur. Er hat Lyrikbände, die amerikanische Underground-Anthologie* Acid *und Essays zur Gegenwartskultur veröffentlicht sowie Kurzfilme gedreht. Er starb 1975 bei einem Autounfall in London.*

4. *Photographie*

Mitten
auf der Straße
die Frau
in dem
blauen
Mantel.

5. *Graham Bonney*
oder das komplizierte Gefühl

Es war Samstagabend so um neun
als Helmut Pieper und ich die
Straße runtergingen, ohne uns was
dabei zu denken, und plötzlich Graham

Bonney vor uns herging in schwarzem
Anzug, von niemandem erkannt. Ich erkannte ihn aber sofort und sagte, da
vor uns geht Graham Bonney, und Helmut

Pieper erinnerte sich sofort an das
Girl mit dem La-La-La, aber beide
wußten wir nicht, was wir machen sollten
denn Graham Bonney war uns so nah und

wir wollten kein Autogramm, obwohl so
viele in dem Augenblick wahrscheinlich eins hätten haben wollen, aber
sie erkannten ihn ja nicht, während

er unter ihnen ging bald so wie Jesus
Christus, dachten wir, und uns tat der
leid, denn wir dachten, wie traurig es
sein muß, von so vielen geliebt zu

werden und deswegen extra in so einem
schwarzen Maßanzug mit einem extra weiten
Schlag in der Hose herumzulaufen in
Schuhen mit hohem Absatz, ohne daß man

dann erkannt wird und Zeit hat, nicht mehr
bloß zu singen für soviel Liebe auf einem
Haufen, um dann nicht mehr geliebt zu werden
wenn man nicht mehr singt und auf der Straße

herumgeht als so ein Mensch wie du und ich.
Graham Bonney, mach dir nichts daraus, wir
machen uns schließlich auch nichts mehr
daraus, daß wir dich so gesehen haben, ohne

mit dir was anfangen zu können als Mensch
obwohl es ein kompliziertes Gefühl gewesen
ist für einen Augenblick, als wir dich vor
uns hatten bald so wie Jesus Christus in so
nem schwarzen Anzug und dem extra weiten
Schlag in der Hose.

6. *Nachtrag zu dem Gedicht über Graham Bonney*

Was ist das, was unverhofft wiederkommt, auf das man
noch einmal trifft, ein Bild, eine Tüte, die weggeworfen,
zurückspringt in die Hand desjenigen, der sie gerade weggeworfen hat? Und was springt zurück? Wer? Eine kleine
Abweichung passiert und schon fängt man von vorne an?
Womit? Ich kann nicht sagen, daß ich unbedingt Graham
Bonney nochmals hätte wiedersehen wollen. Wie bin ich
überhaupt auf Graham Bonney gekommen? An dem
Abend hatte ich alles andere im Kopf, und es paßte mir
gar nicht, daß plötzlich ein paar Bekannte ankamen und
uns abholen wollten, mit ihnen ins Olshausen tanzen zu
gehen. Wir saßen herum, meine Frau hatte noch in der
Küche zu tun, wobei ihr schließlich Karin in ihrem kurzen Kleidchen, unter dem sie nichts mehr trug, nicht mal
einen Büstenhalter, half. Wir sahen Photos durch, Schall-
platten liefen automatisch ab, das Zimmer war überheizt,
der Abend war regnerisch, ein Februarabend, alles wurde
schlaff und zog sich in die Länge, bis wir gegen elf Uhr
losgingen. Gewöhnlich, wenn ich nachmittags in die Stadt
gehe, zieh ich vorbei an den Schaufenstern des Elektro-
Geschäfts am Rudolfplatz. In Lebensgröße steht mitten

unter den verschiedensten Rundfunkgeräten und Fernseh
truhen, Verstärkern und Tonbandkoffern, die Guitarre in
der Hand und schön frisiert, Graham Bonney aufgerichtet
da. Es ist immer derselbe Blick. Ein kleiner Mann, ganz in
weißliches Grau eingetaucht, der angestrengt steif gerade-
steht. Ein langer schwarzer Faden kommt aus der Guitarre heraus und verschwindet im Hintergrund. Das Kabel,
eine Nabelschnur? Und das Licht ist ganz auf ihn geworfen!
Nach Meinung des schwedischen Nerven-Experten Hol-
ger Hydén ist das Erinnerungsvermögen in unserem Ge-
hirn chemisch zu verstehen. Die Moleküle der Ribonukle-
insäure werden durch ein Erlebnis in ihrer chemischen
Struktur auf bestimmte Weise verändert und dann in den
Nervenzellen aufbewahrt. Die Erinnerung also könnte als
ein im einzelnen noch nebelhafter Abtast-Mechanismus
verstanden werden, der die kodierten Moleküle wiederfin-
det und bewußt werden läßt. Aber was taste ich ab? Ich
vergesse, scheinbar, um dann umso deutlicher denselben
Gegenstand zu sehen, ihn genauer zu sehen? Was ich genauer sehe, ist jedoch immer noch wenig, fast nichts, obgleich es haften bleibt, als wäre etwas Wichtiges hinzuge-
kommen, ohne daß ich damit was anfangen kann, immer
noch nicht. Also passiert der chemische Prozeß um seiner
selbst willen, springt die weggeworfene Tüte deswegen
zurück? Ich glaube nicht. Bert hatte gemeint, daß wir zu
der Zeit sicher umsonst hereingelassen würden und so für
eine Stunde in dem Hin und Her mitmachen könnten, er
hatte sich verkalkuliert. Die Kasse war noch besetzt, und
wir standen mürrisch herum, ein vertaner Abend, eine
Anstrengung, die zu nichts geführt hatte. Ich hatte nasse
Füße bekommen, meine Frau dachte daran, daß sie sich
nachher noch die Haare waschen müßte. Mädchen, grell
und bunt geschminkt, in flitterhaftem Aufzug, stiegen ver-
schwitzt die Treppe hoch.
Wir gingen in eine Wirtschaft und bestellten Coca-Cola,
Karin und Bert blieben, handelten schließlich einen verbil-

ligten Eintritt für uns aus, als wir schon nicht mehr hin-
einwollten, so daß wir uns nochmals überreden ließen. In
dem großen Kellerraum war es stickig und feuchtwarm,
Nässe an den Wänden, Flecken, das Gedränge der kostü-
mierten Leute, schwankende Bewegungen, Hände. Offenbar hatte die Musik gerade in dem Kellerraum zu spielen
aufgehört, in dem wir zusammenstanden, nicht wußten,
was wir nun hier sollten, nur herumstehen, sich umsehen,
ich hätte sie alleine hingehen lassen sollen. Das war es. An
Graham Bonney kein Gedanke. Aber es gibt Rückkopp-
lungen, die plötzlich wirksam werden, obwohl sie kein
Ergebnis haben. Man tastet ab. Was? Wen? Warum? Mitten in einem Gedränge, durch das sich eine bekannte Figur schob. Der sieht aus wie Graham Bonney, sagte Bert
Schneider. Ich sah hin und winkte ab, es ist Graham Bonney. Diesmal in einer kurzen Lederjacke. Fuck-a-duck,
sagte Rygulla, oh Graham Bonney, ein Super-Girl, das
sich dicht hinter uns vorbeizwängte. Schon fing die Musik
an. Wir tanzten. Und wieder, diesmal von der andren Seite, zwängte sich Graham Bonney durch das Gewoge der
Körper an uns vorbei. Er hat mich angefaßt, sagte meine
Frau. Graham Bonney verschwand. Später sahen wir ihn
dann wieder, nicht weit entfernt an einem Tisch unter
Super-Girls und Girls mit dem La-La-La. Ich konnte es
nicht so genau erkennen, aber deutlich sah ich, daß er mit
dem linken Auge andauernd heftig zwinkerte. Nervös?
Ein altes Leiden? Keine Kontrolle? 9. Februar 1968. Ge-
heimnisvoll ist das Leben der Stars, die auf unsichtbaren
Stühlen mitten unter uns sitzen, auch wenn sie nur zweite
Klasse sind. Die alte Tüte, die weggeworfen worden ist,
springt jäh in die Hand zurück. Was macht man dann damit? Ich denke, man behält sie jetzt für immer. Das Ge-
hirn ist nicht widerstandsfähiger als eine Schüssel Brei, hat
einmal der englische Arzt J. Doggart erklärt (zitiert nach
Theo Löbsack).

7. Schreiben, realistisch gesehen

Worüber
kann ich noch schreiben
vielleicht ein Gedicht
über zerschlagene Waschmaschinen
über Straßenbau oder
junge Ehen

man rät mir viel
man korrigiert mich
man meint, es sei überflüssig
man trinkt und raucht
man geht fort

wenn ich am Schreibtisch sitze
vor einem weißen Blatt Papier
weiß ich nichts mehr –
die hydrographischen
Angaben von heute
mittag zwölf Uhr
in Meereshöhe
sind schöner, ich glaub es gern

denn
ach, das Meer
das ich noch nie gesehen habe
mein geheimer Unwille
meine große Müdigkeit
das Meer, das Meer
das zerstört
werden wird
in einem anderen Gedicht!

Peter Handke *(geb. 1942) umgab sich zu Beginn seiner Schriftstellerkarriere mit der Attitüde des Poprebellen, wenngleich er mit den Popliteraten im engeren Sinne nichts zu tun hatte. In seinen frühen Texten hat er verstärkt mit Elementen des Populären und Trivialen gearbeitet, um damit eine sprachkritische Reflexion beim Leser freizusetzen.*

8. *Die Aufstellung des 1. FC Nürnberg vom 27. 1. 1968*

WABRA

LEUPOLD   POPP

LUDWIG MÜLLER   WENAUER   BLANKENBURG

STAREK   STREHL   BRUNGS   HEINZ MÜLLER   VOLKERT

Spielbeginn:
15 Uhr

9. *Der Text des rhythm-and-blues*

Alles ist in Ordnung.
Sie geht die Straße hinunter.
Fühlst du dich wohl?
Ich möchte nach Hause gehen.

Komm näher!
Ich werde nach Hause gehen.
Alles ist in Ordnung.
Sie ist die Straße hinuntergegangen.

Ich fühl mich wohl.
Ich gehe nach Hause.
Lauf nicht davon!
Sie geht die Straße hinunter.

Früh am Morgen –
Ich geh nach Hause.
Sie ist die Straße hinuntergegangen.
Ich fühl mich besser.

Hier kommt sie!
Beeil dich!
Nimm mich nach Hause!

Früh am Morgen –
Komm näher!

Um Mitternacht –

Ich kann es spüren.
Lauf nicht davon!
Ich geh nach Hause.

Komm näher!
Wir sind zu Hause.
Spürst du's?

Um Mitternacht –
Komm!

Komm her.
Beeil dich!

Früh am Morgen –
Um Mitternacht!

Spürst du's?
Beeil dich!

Ich versuch es.
Um Mitternacht –

Spürst du's?
Hier kommt es.
Komm näher!

Ich versuch es!
Spürst du's?
Beeil dich!

Ich versuch es!
Spürst du's?
Ich versuch es!
Spürst du's?
Spürst du's?

O ja.

Wolf Wondratschek *(geb. 1943) avancierte in der zweiten Hälfte der 70er-Jahre zu einem erfolgreichen Lyriker in linksalternativen Kreisen. Er hat sich in seinen lyrischen und essayistischen Arbeiten u. a. mit den Gestalten der amerikanischen Sub- und Protestkultur beschäftigt.*

10. *Rock 'n' Roll Freak*

Der Freak wird eingeliefert und der Arzt sagt ihm,
wenn er so weitermacht wie jetzt, wird er totsicher
                                        sterben
»Mach keine Witze, Alter!« sagt der Freak, ich bin nur
                                        hier,
um mir die Haare schwarz zu färben

Was soll ein Typ wie du schon machen außer weitermachen
Was soll ein Typ wie du schon machen außer weitermachen

Jetzt liegt der Freak in einem weißen Bett in einem weißen
                                Raum im Krankenhaus
Und singt der Krankenschwester vor, was Bowie sang,
Weil er sich denkt: na klar, so komm ich schneller wieder
                                        raus

Was soll ein Typ wie du schon machen außer weitermachen
Was soll ein Typ wie du schon machen außer weitermachen

Die längste Nacht beginnt am nächsten Morgen und Gott
im Himmel sagt zu ihm, du kommst nicht rein, wir sind
                                                  schon voll
»Mach keine Witze, Alter!« sagt der Freak, mach auf,
                                         mich interessiert
nur eins, was hier im Jenseits läuft in Sachen Rock 'n' Roll

F.(riedrich) C.(hristian) Delius *(geb. 1943) ist ein renom-
mierter Gegenwartsschriftsteller; er hat Prosa, Gedichte,
Dramen und Hörspiele geschrieben.*

11. *Einsamkeit eines alternden Stones-Fans*

Er latscht in den Diskshop und gleich
auf die Platte los, die er will, die neuen Stones.
Um ihn rum, Kopfhörer um die Ohren,
die 10 oder 15 Jahre jüngeren Typen,
die längst was andres hören.

Die reglosen Gesichter
regen ihn auf,
diese Einsamkeit unter den Kopfhörern!
Er nimmt die Platte und
fühlt sich nicht sehr einsam.
Er weiß nur, er überschaut
den Plattenmarkt nicht mehr –

Diplom-Physiker, da hab ich andre Sorgen –
und weiß nicht, was ihn noch verbindet
mit der, sagt er ironisch, nächsten Generation,
höchstens eine Demonstration, ein Joint,
etwas von dieser Mode.

Er sieht das Cover an:
gefällt mir eigentlich gar nicht, den Mick
solltest du wirklich langsam abschreiben,
aber sein Sound, den hat keiner mehr erreicht.
Und Mick sagts selber: Du wirst
irgendwann zu deiner eignen Parodie.
Dieser Satz geht ihm durch den Kopf
während der vier Schritte zur Kasse, irgendwann
wirst du zu deiner eignen Parodie.

Erinnerungen kommen hoch:
die Stones im Hyde-Park damals, da
war ich mittendrin, da hat sich was
bewegt mit uns. Jetzt
fühlt er sich beobachtet. Jetzt
fühlt er sich überlegen: die hängen hier rum,
bei dieser immer schlechteren Musik,
leiden vielleicht an ihren Trips oder
an Langeweile, aber ich,
und er zahlt, steckt den Bon ein,
was hab ich alles mitgemacht
und weiß jetzt, was zu tun ist, ich!
So ein Gedanke, er sieht sich noch mal um,
ist das nun die berühmte Erfahrung des Alterns?

Und geht aus dem Laden
und geht zum Arzt, die Rückenschmerzen,
und abends die neue Platte mit
neuen Enttäuschungen, die
Vergangenheit ist Vergangenheit –
und nicht vorbei.

Jürgen Theobaldy *(geb. 1944) ist als Lyriker ein Vertreter der so genannten Neuen Subjektivität, einer literarischen Strömung der 70er-Jahre. In seinen Gedichten spielt der persönlich verbürgte Wirklichkeitsbezug eine maßgebliche Rolle.*

12. *Bilder aus Amerika*

Weil mich, kaum geboren
in den letzten Wochen des Weltkriegs,
beinah ein Soldat mitgenommen hätte,
hinüber nach Amerika, träumte ich
oft davon, in Amerika aufzuwachen
mit Jeans und Tennisschuhen,
den Baseballschläger unter dem Arm.
Ich träumte vom frischen Rasen
vor der High School, von rosa Zahnpasta
und Ananas aus der Dose. Amerikanisch
hätte ich sicher sehr breit gesprochen,
und später wäre ich, so träumte mir,
im Cadillac vors Bürohochhaus gefahren.
Aber später war ich immer noch
hier in Mannheim und fuhr jeden Morgen
auf einem Fahrrad ohne Gangschaltung
in den Hafen zur Exportabteilung.
Und noch später sah ich junge
Amerikaner, so alt wie ich,
abgeführt werden, weil sie ihre
Einberufungsbefehle verbrannt hatten.
Ich sah die qualmenden Häuser
in den Gettos der Schwarzen, und ich sah
die Nationalgarde im Kampfanzug
gegen barfüßige Studenten, sah die
Schlagstöcke der Polizisten, die lang
wie Baseballschläger waren.
Jetzt träume ich kaum noch
von Amerika, nicht einmal Schlechtes.

Aber ich frage mich oft, wie das Land
sein mag, von dem sich die Bilder
so verändert haben, so schnell
und so gründlich.

Jörg Fauser *(1944–87) erzählt in seinem autobiographi-*
schen Roman Rohstoff *einen wichtigen Abschnitt aus sei-*
nem bewegten Leben: Zuerst lebte er als dichtender Junkie
in Istanbul, dann als Bewohner einer Hausbesetzer-Kom-
mune in Frankfurt, arbeitete u. a. als Wachmann und
machte viele Erfahrungen mit gesellschaftlichen Außensei-
tern. Fauser kam 1987 bei einem Autounfall ums Leben.

13. *Rohstoff*

1

In Istanbul lebte ich meistens im Stadtteil Cağaloğlu, etwas oberhalb der Blauen Moschee. Das Hotel war ein
fünfstöckiger Altbau in einer Seitenstraße. Daneben lag
eine Schule, und morgens traten die Schulklassen auf dem
Hof an und sangen die Nationalhymne. Die türkische
Nationalhymne ist recht lang, und wie die Hymne glich
auch Istanbul einer Collage, deren Schnittlinien im Un-
endlichen verlaufen.
Weil sie mit ihren fünf Stockwerken noch nicht genug ab-
sahnten, hatten die Besitzer des Hotels auf dem Dach
noch einen Aufbau hochziehen lassen. Die Aussicht war
überwältigend, im Sommer auch die Hitze, im Winter die
Kälte. Immerhin – für rund zwei Mark am Tag hatte man
das gleiche Panorama, für das die normalen Touristen das
Zwanzig- oder Fünfzigfache hinlegten. Und unsereins
hatte Kredit.
Als es Winter wurde, zogen Ede und ich zusammen in
eine Bude auf dem Dach. Wenn der Wind aus Rußland
durch die Ritzen pfiff und der Schnee durch die unver-

putzte Decke sickerte, war es zu zweit entschieden prakti-
scher. Einer goß Sprit auf den Steinfußboden und zündete
ihn an, und solange die Flammen etwas Wärme verbreite-
ten, versuchte der andere, eine Vene zu finden. Wir nah-
men alles, was wir bekamen, und in der Hauptsache war
das Rohopium, das wir aufkochten, Nembutal, zum Dämmern, und alle möglichen Weckamine, um in Fahrt zu
kommen. Wenn wir in Fahrt waren, mußten wir neuen
Stoff besorgen und was wir sonst brauchten – wir lebten
vorwiegend von Tee und Süßigkeiten –, und dann lagen
wir gut eingehüllt in unsere Decken, spielten mit der
Katze und arbeiteten. Ede malte, und ich schrieb.
Ede war ein kräftiger Bursche aus Stuttgart, den seine
Sucht allmählich von innen ausbrannte – der Knochenbau
war immer noch stabil, aber alles Gewebe, Fett, Muskeln
reduzierten sich auf das Notwendigste. Zunächst beob-
achtete ich das fasziniert, dann gab ich es auf. In der Sucht
zieht man sich auf sich selbst zurück, und nur wenn der
Stoffwechsel seine Sirenen schrillen läßt, sieht man sich
mit der Umwelt konfrontiert, die einen leicht von Sinnen
bringen kann. Deshalb muß man auch etwas zu tun haben, damit die Zeit dazwischen noch da ist, wenn man sie
braucht (Zeit, der Stoff, von dem wir nie genug bekommen), und Ede hatte herausgefunden, daß das für ihn das
Malen war. Das meiste Geld von dem, was wir gelegentlich machten, ging für Leinwand und Farben drauf. Ede
hatte das, was man einen unverbrauchten Stil nennen
könnte, er knallte seine Valeurs nur so auf die Leinwand,
und nachdem er die abstrakte Anfangsphase hinter sich
hatte, ging er zu Figuren und Landschaften über. Es waren
wahrscheinlich ziemlich unbedarfte Bilder, aber mir gefie-
len sie. Je düsterer der Winter und unsere Aussichten, desto farbenfrohere Gemälde stellte Ede her. Ein Psychiater
hätte an uns beiden seine helle Freude gehabt.
Denn ich schrieb. Die Türken verkauften sehr solid ge-
machte Notizhefte mit Wachstuchumschlag in allen denk-
baren Formaten, und ich entdeckte die Vorzüge des Rapi-

dographen – der feine Strich, verbunden mit der Haltbarkeit und der Klasse von echter Tinte. Was mich vom Schreiben sofort überzeugte, war, daß es relativ billig kam, verglichen mit dem, was Ede für sein Material anzulegen hatte. Ich mußte allerdings zugeben, daß er dafür eine Menge riskierte. Vielleicht war er ein geborener Maler.

Es gab ein Viertel, in das sich kaum ein Ausländer wagte, Tophane. Pro Quadratmeter lebten dort wahrscheinlich so viele Opiatsüchtige wie in Harlem oder Hongkong. Es hieß, daß es in Tophane nicht ungefährlich sei, und tatsächlich sah man auch manchmal einen Toten herumliegen, aber mir ist nie etwas Ärgeres passiert, als daß ich beim Einkaufen übers Ohr gehauen wurde. Wenn es um größere Beträge ging und die geneppten Kunden zurückkamen, vermochte der Ort sich innerhalb weniger Stunden so zu verändern, als wäre das ganze armselige Quartier eine Filmdekoration – hier war eben noch ein überfülltes Teehaus gewesen, jetzt waren die Türen verrammelt, alter Staub lag auf den Fenstern; das Kino an der Ecke spielte einen Liebesfilm und nicht mehr den Hunnenstreifen; die Hütte, in der man gelinkt worden war, war eine Schreinerwerkstatt, und statt des Toten, der unter dem Strauch an der Ecke gelegen hatte, bastelte jetzt ein Mechaniker an einem alten Ford-Taxi. Die Dealer, die man suchte, waren wie vom Erdboden verschwunden. Waren es noch dieselben Häuser? Man rieb sich die Augen, aber das half auch nichts. Wenn die Halluzination die Alltäglichkeit einer Zigarette hat, dann sind auch die Pforten der Wahrnehmung, wie die Wahrnehmung selbst, aus einem trügerischeren Stoff als Rauch.
Und wenn die Grenzen der Wahrnehmung verwischen, dann verlieren auch andere Maßstäbe ihre Gültigkeit. Ede und ich entwickelten unsere eigene Masche. Sie bestand darin, einen der ahnungslosen jungen Ausländer aufzugabeln, die in immer größerer Zahl in die Stadt einfielen und sich mal eben mit einem Kilo Stoff versorgen

wollten, bevor sie wieder in ihre PanAm- oder Qantas-Maschine stiegen, um an irgendeinem Campus im Mittleren Westen oder in New South Wales den erfahrenen Weltenbummler und Handelsreisenden in Sachen Haschisch zu markieren. Man traf sie überall in den Pudding-Shops und Teehäusern rund um die Blaue Moschee, blonde, braungebrannte, immer gutgelaunte Jungs und Mädchen auf Europa-Trip, die in ihren Hotelzimmern zusammenhockten, Gitarre spielten und Protestsongs sangen und schworen, nie nach Vietnam zu gehen, um zu killen. Ede und ich und die paar anderen deutschen Dauergäste am Bosporus fühlten uns dann immer wie uralte Asiaten, getränkt mit der mitleidlosen Philosophie des Opiums: Wenn du etwas hast, bekommst du es abgenommen. Wenn du nichts hast, stirbst du. Und wie alle Philosophen fanden wir, daß es nur gerecht war, der Gemeinde von unserem Wissen abzugeben – und zwar, bevor sie auf andere hörte. Passende Opfer fanden sich leicht. Wenn man an der Grenze lebt, bekommt man einen Blick für das Gepäck der Reisenden. Einer machte sich also an den Jungen oder das Pärchen ran – gefragt waren natürlich solche, die absolut *non-violent* und ein bißchen kopflastig wirkten – und brachte ihn ins Hotel. Das Zimmer war entsprechend dekoriert. Die Staffelei mit dem verhängten Bild machte sich besonders gut, und von ihr blickte man unwillkürlich in die Ecke mit dem ganzen Œuvre. In der anderen Ecke fielen die zerlesenen Paperbacks auf und mein Stapel Notizhefte mit der sorgfältig gefalteten Airmail-Ausgabe der Londoner *Times*. Wenn dann noch der Joint rumging, war es richtig *beat*, und seit Kerouac war *beat* der Schlüssel zur Seele dieser jungen Amerikaner.

Das Geschäft war immer schnell abgemacht. Beats sind absolut coole Leute, die nicht viel Zeit für den Alltagsschmus haben. Einer von uns verzog sich dann mit der Kohle – natürlich immer mit der *ganzen* Kohle, denn wir halfen bei diesen Deals praktisch ja nur aus Gefällig-

keit –, und der andere hockte mit dem Stiesel da oben in der Beatnik-Bude mit Blick auf die Blaue Moschee und das Meer und rollte die Joints. In der Dämmerung verloren sich die Konturen der Moscheen, die Möwen flogen Arabesken um die Minarette. Die Musik aus den Teehäusern half auch. Die Konversation tröpfelte. *Peace.*
»Müßte er jetzt nicht allmählich kommen?«
»Was? Ah ja.«
»Ich meine, es wird allmählich spät …«
»Manchmal müssen sie warten, bis es dunkel wird.«
»Oh.«
Dann gab man ihnen ein paar Tabletten, ein bißchen *speed* zum Aufmöbeln, und prompt bekamen sie den gehetzten Blick, wenn unten die Verbindungstür zum Dach knarrte. Sie wurden schnell und fingen an zu reden, und je mehr sie redeten, desto mehr hatte man sie unter Kontrolle. Du kannst einem Fremden nicht erzählen, wie furchtbar es war, als deine Freundin damals mit diesem Hell's Angel durchbrannte, und ihm im nächsten Augenblick auf den Kopf zusagen, daß er ein Gauner und Betrüger ist, Mitglied einer Gang von türkischdeutschen Schwerverbrechern. Nicht, wenn du wirklich cool bist. Die andere Sorte gab es auch, aber mit denen wurde Ede spielend fertig. Er konnte ziemlich gefährlich wirken, wenn er, mit hochgekrempelten Ärmeln, die seine von der Sucht verwüsteten Arme sehen ließen, seine Leinwände mit einer Rasierklinge attackierte. Von van Gogh hatten alle schon gehört. Sie klammerten sich schließlich an jede Hoffnung, und weil du allmählich auch unruhig wurdest, nahmst du sie mit nach Tophane. Sie brauchten nur den öden, kaum erleuchteten Platz an der Hauptstraße zu sehen, die betrunkenen Zigeuner, die räudigen Hunde, die zerlumpten Bettler, die lallenden Huren ohne Zähne und die Männer in den dunklen Anzügen, die plötzlich aus der Dunkelheit auftauchten und sie mit kalten Augen abtasteten, um von panischer Angst ergriffen zu werden. Aber du hast sie dann noch mit in

eins der Teehäuser genommen, wo die in Lumpen gewik-
kelten Opiumsüchtigen sabbernd auf den Dealer warte-
ten, während die riesigen Kakerlaken von der Decke in
ihre Teegläser fielen – nicht daß sie wirklich fielen, aber
die Stiesel *sahen* sie fallen –, und du hast dich mit dem
Buckligen unterhalten – »Du okay? Ich auch okay« –,
bis die *message* klar wurde: Lauf um dein Leben.
Wenn ich dann in das Hotel kam, in dem Ede ein Zimmer
genommen hatte, roch es bereits nach Terpentin und Öl-
farbe, und er hatte es fertiggebracht, sein Bett einzudrek-
ken.
»Na, wie ist es gelaufen?«
»Wie soll's gelaufen sein?«
»Werden wir den Typen noch mal sehn?«
»Du würdest ihn doch nie erkennen.«
Auf dem Nachttisch lag ein Klumpen Opium. Ringsum
schrien die Huren. Auf Sex hatte ich selten Lust. Ich legte
mich hin und schlug das Notizbuch auf mit dem Kapitel,
an dem ich gerade schrieb. Der Rapidograph war frisch
gefüllt. Ein neuer Beschiß, ein neues Bild, ein neues Kapitel. Was hatte Faulkner gesagt? »Ich würde meine Großmutter bestehlen, wenn es mir beim Schreiben helfen würde.« Ich wußte zwar nicht genau, wie er das gemeint hatte
(man wußte nie genau, wie diese Leute das gemeint hatten), aber eins stand fest: Ich schrieb.

2

Daß man etwas aus seinem Leben machen mußte, war mir
ziemlich früh eingebleut worden. Auf der anderen Seite
war da die Apathie, unter der ich anfallsweise litt wie unter ständig wiederkehrenden Halsentzündungen, die auch
nicht aufhörten, als man mir die Mandeln entfernte. Immer wieder aufflackernde melancholische Schüttelfröste
beim Anblick der Kartoffelfeuer auf den öden Feldern im
Herbst, der Raben, die in den Bäumen hingen, der roten
Haare eines Mädchens in der Nachbarschaft. Dagegen half
nur, sich ins Bett zu verziehen und zu lesen oder selbst zu

schreiben. Nach zwei kurzen Flirts mit der Politik und der Religion war mir mit achtzehn klar, daß der Beruf des Schriftstellers der einzige war, in dem ich meine Apathie ausleben und vielleicht dennoch aus meinem Leben etwas machen konnte.

Allerdings waren die guten Bücher schon alle geschrieben, sie standen in Buchhandlungen oder den eigenen Regalen, und so geriet ich zwangsläufig unter den Einfluß solcher Lebenskünstler wie Henry Miller oder Kerouac – allerdings wuchs ich in Frankfurt/M.-50 auf. Ehrlich schreiben konnte man doch nur über das, was man selbst aus erster Hand erfahren oder erlebt hatte, die Technik kam dann schon, wenn man es nur ernsthaft genug mit dem Schreiben versuchte. Ich lag also in unserer Bude auf dem Dach in Istanbul und füllte die türkischen Wachstuchkladden, ich versuchte mich zum ersten Mal ernsthaft an Prosa. Ich hatte meinen Ersatzdienst in einer Spezialklinik für Lungen- und Brustkranke abgerissen und schrieb nun einen Roman über einen jungen Ersatzdienstleistenden in einer Spezialklinik für Lungen- und Brustkranke, und ich fand, daß es mir gelang, ganz schön viel hineinzupacken – die verrückten katholischen Schwestern, die erotischen Abenteuer mit den Schwesternhelferinnen, die exzentrischen Krebskranken, die vermufften Bürokraten, das Morphium, das man sich so leicht beschaffen konnte. Mit den Sterbenden hatte ich allerdings Schwierigkeiten beim Schreiben, und dann wurden meine Sätze auch immer länger.

»Der Satz hört ja überhaupt nicht mehr auf«, sagte Ede. Ich las ihm gelungene Passagen gern vor. Er hatte ein türkisches Mädchen in seinem Bett, eine Ausgeflippte, die sich in der Gegend um Sultan Ahmed herumtrieb und von der Polizei und ihren reichen Eltern aus Izmir gesucht wurde. Ich fand das gar nicht cool – wir arbeiteten schließlich ohne Netz –, aber Ede war sowieso nicht mehr cool. Seine Bilder wurden immer bunter, und er sprach davon, eine Ausstellung zu machen.

»Das liegt an der Technik«, sagte ich. »Hier handelt es sich um einen Bewußtseinsstrom à la Joyce. Schon mal *Ulysses* gelesen?«

Die Türkin stöhnte irgendwo unter der Decke. Unsere Kerzen warfen phantastische Schatten. Ede machte eine frische Zigarette an. »Ich glaub, das liegt eher am Desoxyn«, sagte er. »Du weißt doch, wie Speed funktioniert – du fängst einen Satz an, dann kommst du vom Hundertsten ins Tausendste.«

»Willst du vielleicht sagen, daß Joyce Desoxyn genommen hat?«

»Wahrscheinlich hat sein Hirn auch ohne Desoxyn so funktioniert.«

»Weil er eben eine bestimmte Technik erarbeitet hat.«

»Ach, Schreiber«, sagte Ede wegwerfend. »Bei euch läuft alles nur übers Hirn.« Er fluchte. Die Türkin hatte ihn gebissen. »Dagegen die Malerei – so direkt ist nicht mal die Musik.« Er machte die Zigarette aus, griff sich die Türkin und zog sie über sich. Endlich bekam sie seinen Hosenstall auf, und es konnte losgehn. Armer Ede. Sie bearbeitete ihn mit Zähnen und Klauen. Das Bett wackelte heftig, und unsere Katze flüchtete sich zu mir. Dann krähten in der Nähe die ersten Hähne, und die in Üsküdar drüben antworteten. Ein fahler Streifen Licht erschien auf der dreckigen Fensterscheibe. Die Türkin keuchte, als ob es um ihr Leben ginge. Vielleicht ging es um ihr Leben. Was war das überhaupt, das Leben? Vielleicht wußte es die Katze, aber sie zog es vor, ihr Ohr zu putzen. Mein Gott, Ede, nun komm schon. Ich überflog den letzten Satz. Er war noch viel zu kurz. Man mußte alles hineinpacken, in einen Satz so wie in dieses Zimmer, wo auch alles beisammen war, auch der Tod. Aha. Tod. Der Tod fehlte noch in diesem Satz. Auf dem Weg ins Stationszimmer, wo er sich wieder am Giftschrank bedienen wollte, mußte der Held also von dem manisch-depressiven Oberarzt abgefangen werden, der ihn mit in den Kühlraum nahm, wo die Leichen ... genau! Etwas Vampirismus, das fehlte der Story noch. Ich fing an zu schreiben, aber es wurde immer heller, und die beiden in dem anderen Bett stöhnten und taten, als ob sie sich die Gedärme rausrissen. Wie sollte man da schreiben? Was hätte Joyce jetzt getan? Ich stand auf, nahm meine Jacke vom Haken und verzog mich.

Früh am Morgen mochte ich die Stadt am besten. Es war gut, noch am Leben zu sein. Der Wind, der vom Horn wehte, machte den Kopf klar. Ich ging in eine Milchstube, wo die Lastenträger und Ladenschwengel frühstückten, aß eine Schüssel süße Nudeln und trank heiße, gezuckerte Milch. Selbst die Spitzel waren um diese Zeit einfach Männer, die wieder eine Nacht überlebt hatten. Ich schlenderte zum Bahnhof Sirkeçi hinunter und wartete, bis der Zeitungsladen aufmachte. Der Zug nach Deutschland stand schon auf den Gleisen. Ich hatte keine Lust mitzufahren. Ich kaufte eine *Times*. Frühjahr '68. Es sah so aus, als ob sich etwas zusammenbraute in Paris, Berlin, Prag. Ich setzte mich in das Teehaus an der Ecke und las die Zeitung. Es nahm sich ganz interessant aus. Der Ami bezog Prügel in Vietnam. Wer weiß, was die Türken davon hielten. Man hörte, daß amerikanische Seeleute abgestochen wurden, in Tophane und anderswo. Gerüchte. Hoffentlich waren die beiden bald fertig mit ihrem sexuellen Anfall. Ich wollte noch weiterschreiben. Ich hörte Schiffssirenen im Horn. Plötzlich dachte ich: Und wenn du das Ding wirklich fertigschreibst, was machst du dann damit? Schickst du dann diese Wachstuchkladden gebündelt nach Deutschland? Und an wen? Und das liest dann irgendein bedeutender Verleger und druckt es, und dafür schickt er dir Geld? Und du bezahlst dann die Schulden im Hotel und ziehst vielleicht ins Pierre Loti und kaufst ein Kilo Opium und schreibst wieder ein Buch? Ich sah auf meine Hände. Alte Narben und neue, und Schorf. Opium und Nembutal machten die Venen kaputt. Ich hatte keine Socken an und meine Schuhe hatten durchlöcherte Sohlen und waren eine Nummer zu klein. Die Hose war mal grün gewesen und jetzt völlig farblos, der Cord bröselte ab. Hemden konnte man für ein paar Lira haben, aber wenn man sich an eins gewöhnt hatte, trennte man sich nur ungern davon. Genauso, wie man sich auch von Istanbul nur noch ungern trennte, von dem Loch, in dem man es sich behaglich eingerichtet hatte mit den Narben und der Apathie und den Rapidographen und dem Blick aufs Meer. Solange es ging, wollte ich bleiben in diesem Loch. Das Leben war ohnehin sinnlos.

Jörg Gülden *(geb. 1944) ist Musikjournalist, u. a. für* Sounds *und* Rolling Stone.

14. *Super-Fan*

»Du, guck dir den mal an!« – Meine Freundin knufft mich in die Rippen. – *»Wo?«* – Den Gitarristen, der sich da auf die Bühne in einen kümmerlichen Spagat zu quälen versucht und das trotz seiner spirrigen Beine nicht schafft, kann sie nicht meinen. – *»Na, da links.«* Genau. Ein Typ, zu irre. Er steht da, schüttelt seine Mähne und spielt eine Gitarre, daß der da oben nicht mithalten kann. Ein Tempo in der Schlaghand hat er, unglaublich. Nur, daß der da oben das Showdown zu guter Letzt überlegen gewinnt, denn sein Kontrahent im Saal spielt leider nur eine imaginäre Gitarre. Die aber mit mindestens 175 Sachen … Nach der Pause, die recht mittelmäßige englische Hardrock-Band ist noch mal dran, klopft der Schlagzeuger sein OSS (obligatorisches Schlagzeug-Solo), und siehe da, der Gitarrero mit der unsichtbaren Gibson ist auch wieder da. Doch jetzt zeigt er dem Trommler auf der Bühne mal, was 'ne Harke ist. Und schon fliegt sein Kopf, fliegen seine Haare, nun wird er zum Sandy Nelson. *»Let There Be Drums …«* Daß die braven Leutchen um ihn herum, die ja schließlich auch 18,– DM hingelegt

haben, leicht genervt sind, stört den Typen nicht die Bohne. So wie der jetzt Rolls über die Tomtoms jagt, kann ihn das auch gar nicht stören. Auch nicht, daß der arme Mensch neben ihm, der vor den fliegenden Armen in Deckung gehen muß, mutig plötzlich nach dem Hemd des Wundertrommlers greift, der diese Drumbattle zwar in puncto Tempo gewinnt, was die Lautstärke anbelangt, aber leider unterliegen muß.

So lernte ich D. kennen. Von da an sah ich ihn mindestens noch ein halbes dutzendmal. Jedesmal bei irgendwelchen Konzerten, wo harter Rock gespielt wurde. Und jedesmal war er vorne in der ersten oder zweiten Reihe, wo er dann bei seinen entsprechenden Soli-Einsätzen aufsprang und loslegte. Headgitarre und Schlagzeug, das waren die Instrumente, die er bevorzugte. Zu einem Baß-Solo ließ er sich nur ganz selten hinreißen. – Ich fand ihn auf alle Fälle lustig. Zumindest war er für mich oft eine echte Bereicherung all der nicht selten monotonen Hardrock-Orgien. Außerdem hatte ich eine diebische Freude daran, zuzusehen, wie erschreckt manche Menschen auf ihn reagierten, wie ihnen zwar ein entrüsteter *»Da hab ich 18 Mark für meinen Platz bezahlt und dann so was«*-Blick im Gesicht geschrieben stand, sie aber nicht zu mucken wagten. Der Typ war einfach eine Nummer zu freaky, zu voll auf seinem Speed-Ding drauf, als daß sie sich auch nur zu mosern trauten. Daß man wie der auf die Musik abfahren konnte, hatte ihnen keiner erzählt. Oder daß man's wagen konnte, bei der Zugabe schließlich so ausgeflippt zu tanzen wie dieser Irrwisch da, undenkbar.

Eines schönen Konzertabends sitze ich mit ein paar Bekannten, u. a. Achim Reichel, in der Kantine der Musikhalle. Wenn nicht gerade ganz was Erlesenes auf der Bühne steht, hocken hier die sog. oder auch *»Insider«* rum, die Menschen von den Plattenfirmen mit Anhang, die Journalisten mit Anhang, die Roadies mit Anhang usw. usw. Kurzum, bei all den vielen Konzerten, die niemanden 'nen Deut interessieren (aber warum soll man nicht gelegentlich nicht mal das Gefühl genießen, 'ne Freikarte zu soundsoviel Mark in der Kantine abzusitzen?), da kommt auf einmal mein Hauptdarsteller in Schweiß gebadet und mit leuchtenden Augen auf unseren Tisch zugeschossen, stürzt sich gleich auf Achim und läßt ein Wortstakkato los: »*Du, dich kenn ich. Du warst doch mal bei den* RATTLES*? Stimmt doch, nich? Hab ich noch Bilder von. Biste auch drauf!*« Und schon zieht er aus 'ner Aldi-Plastiktüte ein leicht abgegriffenes Fotoalbum. »*Hier, das is der Mikky Jones von Man. Kennste den noch? Hier, das is der Schlagzeuger von* GOLDEN EARRING*. Sind Freunde von mir. Mann, wo hab ich denn die Bilder mit den* RATTLES*? Ach, egal … Was machste denn so, Achim?*« – Und gleich die nächste Frage: »*Die haben nix drauf da im Saal, findste nicht?*« – Weg ist er …

Ein paar Monate später fuhr ich nach Dortmund zu einem Festival. Da ich in rund neunzig Prozent der Festival-Fälle schon nach einer halben Stunde lediglich Negatives mit diesem hehre Feststimmung versprechenden Wort hatte verbinden können, fuhr ich natürlich mehr oder weniger ungern. Aber man hat ja immer wieder diese leicht masochistisch-optimistische Ader – es kann ja sein, daß es dieses Mal richtig toll wird –, außerdem war Knuts Freundin Ellen aus Berkeley da: Zeigen wir der mal, daß auch wir Hunnen von Laff und Pies 'ne Ahnung haben, kurzum, ich hatte mich mal wieder breitschlagen lassen, von mir aus auch mich selbst breitgeschlagen … Doch ich kann auf meine untrügerische Ahnung fast blind setzen, es wurde natürlich ein erneuter *Bummer In The Summer*. Die beiden Headliner waren krank, in der Sahara steckengeblieben, oder wie's der Ansager im Fall von Bo Hansson so nett zu verklausulieren wußte, »*in den schwedischen Wäldern verschollen*«, und es gab natürlich Stunk. Das Volk wollte sein Geld zurück, ein Rockerboss gab mit oder ohne Segen des Veranstalters Kommando »*Knüppel frei*«, und die Bullen kamen auch noch ganz schön zum Zug. Im großen und ganzen war's mal wieder ein Festival so recht nach deutscher Art, aber da war noch der schnellste Gitarrist und Schlagzeuger, den die Westfalenhalle je gesehen hatte. Mochten sich auch die beiden Klampfenmänner von BLACK OAK ARKANSAS noch so mühen, zum Schluß gar ihre schnell ausgetauschten japanischen 70-Yen-Hackbretter mit einem gezielten Schlag gegeneinander zerdeppern, er war schneller. Und die beiden Fiedler vom ELECTRIC LIGHT ORCHESTRA, die bei *Roll Over Beethoven* ihre Celli überm Kopf, hinter dem Rücken und im Liegen spielten, die steckte er sowieso mit links in die Tasche …

Wir sind auf dem Weg nach Haus. Ellen will *»was von der deutschen Landschaft sehen«*, also fahre ich nicht über die Autobahn, sondern irgendwelche Landstraßen, die durch verschlafene westfälische Dörfer führen. Und siehe da, in einem dieser Kaffs – alle Kneipen dicht, keine Menschenseele auf der Straße, tödlich langweile Sonntagmittagstimmung – steht er an der Hauptstraße und winkt. Purpurfarbene Samthosen, T-Shirt, bestickte indische Weste, der personifizierte Hippie-Alptraum, wie ihn der rechtschaffene westfälische Bauer nur aus der *Bild*-Zeitung oder aus der Illustrierten kennt; wer soll ihn da mitnehmen? – Als ich anhalte, überschlägt er sich fast: *»Oh, Mann, Alter. Du bist meine Rettung. Steh schon drei Stunden hier. Die gukken alle nur so beknackt. Nach Hamburg fährst du? Du bist meine Rettung! Nur weg hier!«* – Neben ihm würde sich *»Schnellredner«* Heck wie die Dame von der Zeitansage anhören. – *»Mann, bin ich sauer; ausgerechnet Rory Gallagher fällt aus. Wegen dem bin ich extra hingefahren. Du, dich kenn ich doch. Hab ich dich nicht mal bei 'nem Konzert in der Musikhalle getroffen? Weißt du schon, wann Wishbone Ash nach Hamburg kommen? Muß ich unbedingt hin! So 'n Mist mit Gallagher. Aber ich hab 'ne dufte Tante kennengelernt …«* – Zwei Sekunden Pause. – *»Geile Fotos hab ich gemacht. Mit dem Johnny Rivers und einem von … Wie heißen die noch mal? Warte mal, irgendwas mit Arkansas. Nächste Woche spielen die* SCORPI-

ONS *in Bargteheide. Mußte auch hingehen! Sind gute Freunde von mir ...«*

Und während der langen Fahrt erfuhr ich u. a., daß seine Eltern eine Diskothek in einer norddeutschen Stadt hätten, daß er sich im Hardrock auskenne, *»ich sag dir, keine andere Musik geht so in die Arme und Beine«,* und daß er so ziemlich jeden Heavymusiker von jenseits des Kanals kannte, *»sind alles Freunde von mir«.* Ich kriegte gesagt, ob ich's wissen wollte oder nicht, *»daß die anderen Typen«* (die, die keinen Hardrock spielen) *»alle nichts draufhaben«* und daß ich, der ich ja bei 'ner Zeitung sei, *»endlich was für die Heavy-Bands tun solle«:* UFO, SCORPIONS, GOLDEN EARRING, MONTROSE oder so ... und ich ließ mir sagen, daß die von mir bevorzugten Gruppen (nachdem er mich diesbezüglich ausgequetscht hatte) ja ganz in Ordnung seien, ihn aber nicht *»anmachen«* würden. Außerdem habe er bergeweise Fotos von seinen *»Freunden«,* ein paar Alben voll, einige seien schon bei ihm zu Hause gewesen und er schon bei einigen von ihnen. – Allmählich fing er an, mich zu interessieren. In Hamburg angelangt, klingelten Ellen, Knut und mir zwar die Ohren, doch als ich ihn bat, sich mal zu melden, legte er los: *»Klar, Alter, mach ich. Ich bring dir auch 'n paar Fotos mit, wirste staunen. Nächste Woche ...«*

Selbstredend ließ er weder in der nächsten Woche noch in den nächsten Monaten was von sich hören, und ich hatte ihn schon fast vergessen, da kam doch diese verquere deutsche LP von Inga Rumpf (deren Stimme ich sonst sehr schätze), betitelt *Second-Hand-Mädchen,* raus, und auf der Platte war eine Nummer, die hieß *Speed King,* die nur von ihm handeln konnte und die so ging:

> »Auf jedem Rock-Festival sieht man ihn tanzen
> Er hat 'ne tätowierte Brust und 'ne verwaschene
> Jeans an
> Er ist der Wahnsinnstyp, der die Leute richtig
> anmacht
> Er schüttelt mit dem Kopf, bis die letzte Band
> einpackt

Das ist Speed-King
Im Publikum ist er der Star
Speed-King
Auf jedem Rock-Festival ist er da

Seit sieben Jahren hat er Speed geschluckt
Jimi Hendrix hat er auf die Finger geguckt
Jeden Musiker, den er kennt, macht er gleich an,
Ob er nicht mal auf der Bühne rumflippen kann«

Mal von der mehr oder weniger grimmigen »*Reim dich
oder ich freß dich!*«-Prosa dieses Songs abgesehen, war
mir klar, daß man (ich) eigentlich was über diesen schil-
lernden Vogel zu Papier bringen müßte. Nicht schon
wieder was über die Heavy-Matadore, die da ihrem tägli-
chen *Drei-Akkorde & Gib-ihm-die-Kante-Geschäft* nach-
gingen und ihm die Kicks verschafften, sondern eben
über ihn, der sich in einem Saal voller reserviert dahok-
kender »*Fans*« einen Scheiß um die Meinung der übrigen
neunundneunzig-Komma-neun-Prozent über ihn küm-
merte, sich seine Kicks holte und den Leadgitarristen
und Schlagzeugern von unten im Saal ein Rennen liefer-
te, das die, wäre es auch ihnen um die Hollywood-We-
stern-Stereotype »*Wer ist hier der Schnellste?*« gegangen,
15:0 verloren hätten.
Aber, man kennt das ja: Irgendwas bringt dich auf eine
Idee, die tanzt, während du damit schwanger gehst, dauernd (buchstäblich) vor deiner Nase rum, doch wenn du
dich dann endlich dazu durchgerungen hast, »*jetzt mach
ich's*«, da ist auf einmal die Ursache dieser Idee futsch. –
Ein paarmal sah ich D. zwar hie und da in der einen oder
anderen Diskothek, aber wie willst du jemand einholen,
dessen Tempo in der Birne immer im roten Bereich liegt.
So ca. achttausendfünfhundert Umdrehungen in der
Minute. 'nen Porsche im vierten Gang hält man ja auch
nicht mit dem Hut auf. Doch wie's Kommissar Zufall will
– ich weiß nicht, wie viele Leute ich mit meinem »*Speed*

King« gelöchert habe –, meinte ein Bekannter: *»Klar, den kenn ich. Das ist der D. Dessen Eltern haben bei mir um die Ecke 'nen Twistschuppen. Den kann ich dir jederzeit besorgen. Hätt'st du mich nur früher gefragt, D., den kennt bei uns in der Gegend jeder. Ich schick ihn dir vorbei.«*

Der Gute, er kannte D. zwar, aber einen *»Speed King«* zu kennen oder ihn in vollem Fluge zu stoppen, will sagen, ihn auf eine Geschichte wie die meine festzunageln, das sind schon zwei verschiedene Paar Schuhe.

Kleinlaut rief er ein paarmal an: *»Du, ich hab ihn gestern getroffen; hat er sich schon bei dir gemeldet?«* – Natürlich hatte er nicht. – Und ganz zum Schluß konnte ich besagten Bekannten regelrecht aufatmen hören, als er folgende Meldung durchgeben konnte: *»Du, der D. kann nicht kommen. Der muß momentan in der Disko aushelfen, sein Alter ist von der Leiter gestürzt und hat sich 'nen Halswirbel angeknackst. Ich halt dich aber auf dem laufenden ...«*

Etwa einen Monat später war's dann soweit: *»Du, ich hab gestern mit deinem ›Speed King‹ geredet. Sein Alter ist wieder o. k., und morgen müßte er eigentlich Zeit haben. Am besten, du meldest dich morgen noch einmal, dann fahren wir zusammen zu ihm raus.«* Klar rief ich an. Zwar mit einem Gefühl so zwischen Hangen und Bangen, aber mir waren bis dato schon weitaus schwieriger zu erwischende Gesprächspartner untergekommen. Rief also am nächsten Morgen an, und dann – ich konnt's schon hören, daß wieder was faul war – der Bekannte (stöhnend): *»Du ahnst es nicht, er liegt in Hamburg im Krankenhaus. Is aus dem Fenster gefallen oder so. Ich glaub, er hat sich ganz schön was gebrochen. Reichliche Scheiße, für ihn und auch für dich, wa?«* – Ende...

Nicht ganz, denn ich machte noch den letzten Versuch. Im Krankenhaus. Tatsächlich, der Mann an der Pforte hatte seinen Namen, wußte auch die Station und auch, wie man da hinkam.

Da lag er dann, in irgend so einem weißgetünchten Zimmer, einen Arm in so 'ner Art Halteapparatur, und mit seinen Zähnen sah's noch übler aus. Statt deren hatte er vorn am Oberkiefer eine ganz martialisch aussehende Klammer. Er konnte mich so grade noch anlinsen … Ein armer Vogel; sein Nonstopflug war durch eine jähe Bauchlandung beendet worden. Nur noch ganz, ganz schwach konnte er sich an mich erinnern. Dafür erzählte mir seine Mutter, was passiert war: Er war bei 'ner Freundin zu Besuch, und auf einmal rief deren Stiefvater, ein ganz übler, versoffener Bursche, an und meinte, er käm gleich mal längs. Zwar riet ihm das Mädchen, das schon lange keinen Kontakt mehr zu ihm hatte, hinzugehen, wo der Pfeffer wächst, aber 'ne halbe Stunde später war er schon da, trat die Tür ein und fing an zu randalieren. Das letzte, an das sich mein guter Speedo erinnern konnte, war, daß er mit dem Wahnsinnigen auf dem Balkon zugange war. Und von dem, so seine Mutter, ist er drei Stockwerke tief runtergeknallt, hat sich beide Arme, ein Bein und den Oberkiefer gebrochen. Jetzt saß der Untyp zwar im Knast, aber unser Freund hier sah aus wie 'n Vogel, der mit achtzig gegen 'ne Scheibe geknallt war. Ob er jemals noch mal würde fliegen können …

Gestern hab ich länger mit ihm geredet. Zunächst mal: Er ist schon wieder ganz o. k. Sagt er jedenfalls selbst. In der Zwischenzeit hab ich ihn schon des öfteren besucht, ihn mit dem jeweils Neuesten der Pop-Presse versorgt und mich mit ihm unterhalten. Und inzwischen hat mir seine nette Mutter einen riesigen Stapel Bilder ausgehändigt (von denen ihr hier 'nen Bruchteil seht), die ihn in seiner wirklichen Welt zeigen: *»Ich und die Stars, die Stars und ich.«* Außerdem hat er mir haarklein erzählt, wie er nach den Konzerten an die Herren Superstars rankommt: *»Da mußte einfach hinter die Bühne gehen!«* – Aber wie? – *»So ganz spontan. Also wenn ich so richtig gut drauf bin, dann hab ich keine Hemmungen, dann hält mich kein Ordner auf. Pah, die Bilder, die du da hast, das sind noch lange nicht die besten. Zu Hause hab ich noch ganz andere.«* Jetzt weiß ich auch noch, daß er 25 Jahre alt ist und schon '69 mit dem Trip angefangen hat: »*Ich hab mal 'ne Zeitlang Schlosser gelernt – das is nix für mich – ich arbeite jetzt bei meinen Eltern im Laden. Oh, früher war der mal riesig. Da haben* OMEGA, *die* SCORPIONS, *sogar* NEKTAR *gespielt. Jetzt is es nur noch 'ne Diskothek.*« Ob er denn selbst nie mal Bock gehabt hat, Musik zu machen? – »*Mann, ich war mal 'ne Zeitlang Sänger, in 'ner Amateurgruppe bei uns. Die hießen Unfaithful Soldier oder so ähnlich. 'n bißchen Schlagzeug spiel ich auch. Aber die Band hat nix getaugt. Aber die* SCORPIONS, *das sind richtige Freunde von mir. Die Earring auch. Mit den* SCORPIONS *war ich schon auf Deutschlandtournee, neun oder zehn Gigs hintereinander.*

Weißte, ich fahr auf die Atmosphäre bei den Musikern ab, und ich komm immer mit denen klar. Sicher, es gibt auch schon mal 'n paar Arrogante, so wie der Ritchie Blackmore z. B., aber die anderen, wenn ich die anhau, alles easy ...« –

Tja, frag ich ihn ganz naiv, ob er denn immer 'nen Fotografen dabei habe? Da muß er trotz dieses Instruments am Oberkiefer lachen: »*Nee, die machen immer die anderen Musiker. Drück ihnen meinen Fotoapparat in die Hand und sag:* ›*Mach mal!*‹*, und die tun das auch immer. Die Kamera, die ich hab, ist 'ne Keystone Everflash. Das ist 'n amerikanisches Modell*« – Und jetzt fängt er richtig an zu schwärmen (ein Zeichen dafür, daß er wieder gesund ist): »*Weißte, das ist meine Welt, da steh ich drauf. Meine Eltern haben da nix gegen ...*«

Zwar hatte sich seine Mutter, an dem Abend, als sie mir die Bilder gab, ganz andere Hoffnungen gemacht: »*Hoffentlich ändert er sich jetzt, meinen Sie nicht auch? Er is ja eigentlich kein schlechter Kerl, aber immer dieses Rumgeziehe mit diesen Musikern; tun Sie das auch?*« Ihr Sohn jedoch ist da, nach einer durch eine technische Panne erzwungenen Besinnungspause, schon längst wieder anderer Meinung, denn auf meine bescheidene Frage nach seinen Lieblingsbands legt er mit Volldampf los: »*Klar,*

SCORPIONS! *Die beste deutsche Band. Freunde von mir!*
Dann Aerosmith. Die hab ich leider noch nicht gesehen.
Und Ted Nugent! Der kommt doch nächsten Monat wie-
der auf Tour. Ich sag dir was: Bis dahin bin ich wieder fit.
Dann bin ich wieder dabei! Ganz bestimmt!«
Klar, daß er, wenn er wieder am Start ist, schneller sein
wird als all die Gitarreros mit den mickrigen Beinen da
oben und als ihr da unten im Konzertsaalgestühl sowieso ...

Rainald Goetz *(geb. 1953) gilt neben Rolf Dieter Brink-*
mann wohl als der bedeutendste deutschsprachige Poplite-
rat. Der Roman- und Theaterschriftsteller hat seinen
Drang zur Selbstinszenierung beim Ingeborg-Bachmann-
Wettbewerb in Klagenfurt 1983 unter Beweis gestellt: Dort
hat er sich während einer Lesung die Stirn aufgeschlitzt.
Goetz hat sich in seinen Texten vor allem mit den Repres-
sionen und Gefährdungen des modernen Ich auseinander
gesetzt. In den 90er-Jahren wendet sich Goetz als Konsu-
ment, aber auch als Schriftsteller der Rave-Kultur zu. In-
teressant ist hierbei der Versuch, unmittelbare, sinnliche
Erfahrungen im Nachtleben mit der Sensibilität eines Pop-
Intellektuellen zu verbinden. In seinem Text Hard Times,
Big Fun, *der sehr kontrovers aufgenommen worden ist,*
versucht er sich durch verschiedene Sprechweisen (Zitat,
Ironie, Euphemismus) von denjenigen Intellektuellen ab-
zugrenzen, für die die Love Parade in Berlin eine Massen-
veranstaltung ohne Niveau darstellt. Der Text und die
Lektüre sollen zu einem lustbetonten und sinnlichen Er-
lebnis werden.

15. *Hard Times, Big Fun*

Das Kapital des Glücks und seine Politik
Loveparade 1997

»Let the sun shine
in your heart«

Dann wurde es Juli.
Alles mal bitte kurz antreten.
Dankeschön.
Folgendes: Dr. Motte[2] hat gesagt: »Let the sun shine in
your heart.« – Wobei, ehrlich gesagt, er hat es nicht ge-
sagt, sondern er hat es befohlen. Denn so klingt der
Satz zu Beginn der heurigen Love-Parade-Hymne *Sun-*
shine
»Let! – the sun shine! – in your! – heart!«
In mein hartes, kaltes, fürchterliches Herz? Die Sonne?
Ja, die Sonne.

Und so geschah es.
Das große stampfende Ungeheuer schiebt sich wieder
durch Berlin: die Love Parade, die sogenannte ›Love Parade‹.
Verrücktes Wort: Was für ein Staat, was für ein Militär ist
denn die Liebe?
Moment, da muß ich mal eben kurz nachkucken.

Als neulich seine Ekstase-Brigaden auf dem lesbisch-
schwulen Stadtfest am Berliner Nollendorf-Platz im mil-
den, frühsommerlichen Nieselregen zu Westbams Musik
tanzten, und der gegen Abend *Sunshine* spielte, da öffne-
ten sich alle Himmel zur Antwort, um sensationell ge-
waltige Wolkenbruch-Wassermassen in eben diesem Augenblick auf die tanzenden Menschen hernieder zu
schütten, und die Tänzer warfen ihre Arme in die Luft,
schrien, sprangen hoch und hoch im gezinkt gerade ge-

---

2 DJ und Mitbegründer der Love-Parade.

zinkten Takt, und ihre patschnaß glänzend überfluteten Gesichter, die sie dem Regen entgegenhielten, sagten ohne Worte in biblischer Grundsätzlichkeit ihr ›ja‹.
»Ja, ja, ja«.
Dann spielte Westbam: *The roof is on fire.*

Doch beim Wort ›Wort‹ erhob sich natürlich augenblicklich Widerspruch.
Der Staatsanwalt, der das Reich einer besseren Welt vertritt, die da dereinst kommen wird, er nennt sich stolz und bitterlich auch heute noch ›Kritik‹ – so wie er zuvor jahrhundertelang ›Glaube‹ geheißen hatte – erhebt Anklage gegen die Parade, gegen ›Spaß‹, gegen ›Glück‹, gegen diesen gigantischen Aufmarsch der ›Affirmation‹, der ›Körper‹, des ›Sex‹.

Die Antwort waren Bilder.
Die Bilder zeigten immer wieder ähnlich die Gesichter einzelner Menschen, die inmitten vieler anderer etwas Schönes zu erleben schienen. Jeder, der das sah, fragte sich unweigerlich: was machen die da? Warum schauen die so aus, als würden sie … was ist denn das?
Man sah ein Geheimnis.
Etwas vielleicht Wunderbares?
Die Ahnung einer Art Vision von irgendwas?
Man sah die Bilder, Träger einer nicht erkennbaren Idee, von innen her bewegt von was Bewegtem. Das war die Musik. Ein Beat, der die vielen vielen versetzt synchron bewegte, der Herzschlag, pumpend, für ein ganzes Kollektiv. Und jeder einzelne von diesen vielen war ganz offensichtlich vollkommen beglückt, dabei zu sein, gemeinsam mit den anderen der vielen gleichzeitig was Gleiches zu erleben.

Da klingelten die Alarmglocken, alle, überall.
Ein feiner Herr tritt vor, der Herr Conradi, Berlin Verlag, Berlin, um Klage zu erheben. »Das war ekelerregend«, sagt

er. Er bezieht sich auf den Uringeruch, der ihm seine morgendliche Fahrradfahrt durch den Tiergarten verleidet hat, neulich, nach der letztjährigen Parade. Und eine noch ältere Frau ist ganz seiner Meinung: »Wir, die meisten, sind von der Kriegsgeneration; wir haben den Tiergarten aufgebaut.«

Genau, die Kriegsgeneration. Sie hat andere Kollektive gesehen, im Namen der Politik, mitgewirkt, meist wahrscheinlich ziemlich unbegeistert, an Verbrechen, Stumpfsinn, Krieg und Genozid. Wenigstens nie mehr begeistert sein; aufpassen mit so gefährlichen Sachen wie mit ›Idealen‹; ganz was Schlimmes: die sogenannte ›Masse‹.

Der debilisierende Reflex der Erfahrung, das Wiedererkennen: Jubelbilder, junge Frauen in schwarz-weiß, entflammt, wie sie einem einen huldigen: Hitler fährt durch die Stadt. Das ist doch was. Das freut die Leute offenbar.

Meine Großmutter hat als sehr alte Frau, mit dem leuchtenden Blick des Greisenalters auf die doch wohl gerade erst erlebte Kindheit, immer wieder erzählt, wie das war, als sie damals als Kind den KAISER gesehen hat, in der Schloßallee vor Schloß Schönbrunn, in Wien, den Kaiser Franz Joseph I. Wie er sie angeschaut hat, und sie ihn.

Doch welche Wege führen vom Glück der Teilhabe an einem außerordentlichen Kollektiv-Ereignis zu den Verbrechen, die durch die jeweils individuelle Tat von vielen Einzelnen ein Kollektiv schließlich tatsächlich begeht? Nicht jubilierende BDM-Mädchen[3] sind der Horror, sondern der einzelne Fascho-Opa, der mit gekrümmtem Finger seine aktuelle Fascho-Leier kräht: »Müll«, »Baum«, »grün«, »braun«, »Erde«, »Boot«.

Geh mir mal aus dem Licht, Alter, du nervst.

Es war einmal, in ferner Frühe, kaum mehr auszumachen, der Anfang dieses gegenwärtigen Jahrzehnts.

Die Revolution von 1989, die untergehende DDR,

---

3 Bund deutscher Mädel, Teilorganisation der Hitler-Jugend (HJ) der NSDAP.

machte der untergehenden BRD ein tolles Abschieds-
geschenk: Deutschland, auferstanden aus Ruinen. Eine
neue Rechte war plötzlich da. Faszinierend, bedrohlich.
Wer gehört da eigentlich dazu? Hools, Prolls, Glatzen,
klar. Und die lässig gebildeten, ewigen Abiturienten aus
dem Feuilleton der FAZ?

Wo keine Front war, wurde mit seltsam bürokratischer
Selbstverständlichkeit eine aufgemacht: ›Politik‹. Leute,
die im Real-Polit-Jahrzehnt der 80er Jahre mitgearbeitet
hatten an einem hochenergetischen Zerstäubungsprozeß
politischer Ideen und Ideale in die reale Welt hinaus, und
zwar über das komplizierte Ideen-Verbreitungs-System
Pop, – kehrten zurück, immer eine schreckliche Bewegung, zu ihren vergessenen Wurzeln: Kader, Partei, klare
Linie, schlechte Laune, lange Haare.

Sogenannte ›Wohlfahrts-Ausschüsse‹[4] gründeten sich
und tagten in kleiner Runde, schlossen Allianzen mit
minimal anintellektualisierten Kunststudenten und
sprachen Verbote aus: Herr Syberberg[5] darf nicht sprechen. Endlich: nicht mehr nur *Texte zur Kunst*[6], sondern
Taten mit der Trillerpfeife.

Ja und? Wo bleibt der Witz? Wie seid ihr denn drauf?
Aber die ganz normale echte Wirklichkeit, lustigerweise ja
eben wirklich eine Wirwirklichkeit für alle – war eh längst
ganz woanders. Sie hatte sich einen anderen Antwortort
gesucht, um zu reagieren auf die neue Lage.

Sie nannten es: Techno.

Diese Geschichte wurde oft erzählt, und es war immer
eine andere. Es war immer die Geschichte der letzten, gerade erlebten Nacht. In unendlicher Variation wurde ein
ums andere Mal neu mit Worten dem irgendwie unfaßbar

4 · Anfang der 90er-Jahre fanden sich in Deutschland in verschiedenen Städten
   kritische Intellektuelle zusammen, um Strategien gegen den aufflammenden
   Rassismus zu diskutieren.
5 Hans-Jürgen Syberberg (geb. 1935) ist ein deutscher Filmemacher, der wegen seiner theoretischen Äußerungen zur deutschen Geschichte und zur
   Überwindung des Schuldkomplexes sehr umstritten ist.
6 Zeitschrift, für die vor allem kritische Pop-Intellektuelle schreiben.

Erlebten hinterher geredet. Dabei war es zunächst gar nicht so sehr wichtig, ob das nun so wahnsinnig treffend gelang. Es war mehr ein gemeinsames Lallen, eine Art Wortmusik, der Party selbst nachgemacht.

Wichtig: Der und der hat da und da so und so gespielt, und alle wären da gewesen.

Ist ja geil.

Dann wäre man später noch dorthin gegangen und da und da hingefahren, da wäre man schon so und so drauf gewesen, und die Musik so und so.

Toll.

Und man wäre dann irgendwo gelandet, mit dem und dem und der und der, und da hätte man dann noch das und das gemacht, bis dann und dann. Und erst dann und dann wäre man so und so verstrahlt, verpeilt, endfertig und hochgradig verstört daheim gewesen.

Ein Wahnsinn.

Jede Nacht ging es auf genau diese Art irgendwie um alles, nicht zuletzt um Auslöschung. Auslöschung von Erinnerung, Bewußtsein, Reflexion, Vernichtung von Geschichte.

So ließ man sich treiben.

Nach Frankfurt, nach Hamburg, nach Köln, nach Würzburg. Und natürlich nach Berlin.

Olaf: »Los, einsteigen, wir fahren zur Love Parade.«

Ich: »Okay. Zur was?«

Dann war man dort. Und da waren wieder alle, die man von irgendwoher schon kannte, zumindest vom Sehen. Und lauter neue Leute.

Ich lief von Wagen zu Wagen. Kletterte hoch und sprang runter. Plötzlich war der angenehmste Ort dieses eine linke Riesen-Vorderrad, neben dem ich wippend stundenlang dahinging in der heißen Sonne, ein uralter pharaonisch-vorzeitiger Vorderrad-Schieber, fröhlich im Dienst der Sound-Gewaltigen, die hoch oben auf den Boxen thronten.

Und staunend sah man die Leute, die das alles sahen, wie sie staunten.

Eine paradoxe Sache.

Nach draußen gehen, um miteinander unter anderen zu sein, sich denen zwar wohl zeigen, ihnen jedoch gar nichts, jedenfalls gar nichts Bestimmtes zeigen wollen. Die selbstbezogene, fast autistische Komponente dieser Demonstration der Glückserfahrung war vielleicht, weil so irritierend, mit ein Kern-Politikum. Und das hochnervöse ›Neu‹-Organ, das die Realität dauernd fahrig suchend durchzuckt, meldete sofort: He, was ist da los?

Gerade, weil die Aktivisten selbst es nicht so genau wußten, schon gar nicht sagen konnten, entstand im Nu ein hochstereotypes Medien-Mantra: wie verrückt die Leute ausschauen, wie lange sie tanzen, wie laut und dumpf die Musik wäre.

Im Schutz dieser immer leicht ins Hysterische lappenden, hilflos scheiternden Versuche, die Sache zu identifizieren, könnte sie nach innen wachsen, sich da intern vielfach vervielfältigen, selbst zu verstehen beginnen und gleichzeitig immer größer, populärer werden.

Eine wirklich ideale Co-Evolution: wie der Medien-Stumpfsinn aus und mit und in realem Chaos Geist gebiert.

In den prächtigen Hohlräumen der Erinnerungslosigkeit: explosionsartiges Aufblühen einer grandiosen Mythologie. Wie alles DAMALS war. Gestern, letzte Woche, vor zwei Jahren. Selten hat man eine offenere, zeitradikalere Bewegung gesehen: dabei sein, mitmachen und immer schon dabei gewesen sein: ein Ding und kein Problem.

One Love, one World
Peace an Earth
Planet Love
We are one Family
Friede Freude Eierkuchen
Let the sun shine in your heart
Die großen, simplen Predigten des Dr. Motte, über die sich halbschlaue Kritiker besonders gerne lustig gemacht

haben, hatten nicht nur wirklich Licht und Ausstrahlung für sich, sondern vor allem diesen einen wunderbaren Sinn, nichts und niemanden auszuschließen, außer eines, den Ausschluß.

So kamen von allen Seiten immer mehr neue Leute herbei, um mitzufeiern. Immer Jubelhochamt, Kirche der Ununterschiedlichkeit.

Bum, Bum, Bum.

Wie bitte?

BAM BAM BAM.

An den Rändern standen die Passanten, sahen uns und lachten.

Und wir lachten auch, weil wir uns gegenseitig sahen und erkannten. Kann das sein? So vielen fremden Menschen sich so nahe zu fühlen plötzlich, das war doch Irrsinn. Das brachte eine Qualität der Madness ins Spiel.

Dauernde Bewegung, Hektik, dauernd stand man auf irgendeinem anderen Wagen, turnte herum auf zusammenbrechenden Stahlträgerkonstruktionen und Boxentürmen, oder hupfte eine ganze Parade lang direkt über dem Dieselauspuffrohr auf dem Dach einer Fahrerkabine auf und ab, Arm in Arm mit wechselnden Genossen, kohlenmonoxydvergiftet schließlich, und warum auch nicht.

Immer wieder saß man irgendwo – die Erinnerungen der Jahre überlagern sich, logisch, die Jahre fließen ineinander – an irgendeiner Ecke oder Kante, von irgendeiner supersüßen Maus aus München oder sonstwoher umarmt, mit der gemeinsam im Gespräch und in Bewegung – und wenn man aufschaute, eine frische Lunge von Amylnitrit im Hirn, erschüttert und beseelt, die immer noch mehr anderen und schließlich wirklich nicht mehr übersehbar vielen sah … – man konnte nur den Kopf schütteln, man konnte es nicht fassen.

Man schaute sich an: »Wahnsinn, oder?«

»Wahnsinn«.

Umhüllt von Gegenwart.

Die Irgendwie-Welt, strukturell latent, verborgen von der gütig-gnädigen Dunkelheit, der großen, heiligen, ewigen Nacht des Jetzt. – Halleluja.

Das rätselhafte Geheimnis: warum diese ganze Bewegung so lange wirklich immer neu neue Gegenwart sein konnte.

Möglicher Mitgrund: ein simples Paradox, das von innen her dauernd frische Energie erzeugt und in die Sache reingepumpt hat: Abweichung, Individualität, Differenz, die an ihrer Selbstabschaffung arbeitet, um aufgehen zu können selig im Einen eines Gemeinsamen. Den Widerspruch zwischen Ich und allen also genau andersherum auflösen, als es cirka 45 Nachkriegsjahre lang selbstverständlich üblich und vernünftig war.

Techno reproduzierte dabei, ohne es zu wissen, eine gesamtgesellschaftlich neue Realität. Jeder doofe, hohle Proll, der zum Beispiel im Afrikanischen Viertel im Wedding seine Hunde durch die Gegend brüllt, ist so sehr und jenseits aller Zweifel absoluter Herr und Herrscher seiner ganzen Welt, wie jeder andere Universitätsprofessor, Straßenkämpfer, Bauarbeiter oder Redakteur. Die Ordnung der bürgerlichen Klasse, Herr Conradi, ist zusammengebrochen, endlich. Jedes Ich für sich ein vollkommen entwickeltes, perfektes Universum, seiner selbst gewiß.

Die ›Kritik‹ wollte das nicht in sich einarbeiten. Zielrichtung sollte bleiben: ›Dissidenz‹. ›Differenz‹ wird angestrebt, anstatt von ihr auszugehen. Wie oft hat man es den Politfreunden vorgebetet: isoliert, dissident, allein und unglücklich bin ich eh, wie jeder andere auch, selber, ununterbrochen, jeden Tag. Das kann doch nicht Ziel von Politik sein.

Doch anstatt sich neu zu denken, wollte die alte Politik lieber in den hochinteressanten Scheiße-Ausschau-Wettbewerb mit paar komischen Rechtsradikalen eintreten, um gemeinsam mit denen im Sumpf der Marginalität zu versinken.

Viel Spaß, da unten, im Dreck.

Gleichzeitig wurden die Mädchen und Jungs, die oben auf dem Techno-Wagen standen und da tanzten, immer hübscher, immer verschiedenartiger und nackiger angezogen, immer noch unterschiedlicher.

Denn für jeden der vielen, die schon sehr bald jedes Jahr nicht mehr hingehen und mitmachen wollten, kamen hundert und hunderte neue dazu, die einfach dem Ruf der Bilder folgten.

Langsam wurde deutlich, und natürlich gab es dafür jede Menge Dissing[7], wie sehr Techno, ursprünglich nur auf sich selbst konzentriert und für sich isoliert, zusammenpaßt mit dieser unserer, haha, gegenwärtigen, Zitat Hardy, »kaputten Event-Gesellschaft«.

Besonders natürlich hier in Deutschland, wo eine riesige, ausgebrannte Staatsruine, die noch vor 5 Minuten 20 Millionen Menschen beherbergt hat, heute da einfach so in der Landschaft herumsteht, schwarz, verlassen, am Fluß.

Das war in Dresden, im letzten Tageslicht spät abends. Wir fuhren über eine Brücke. Westbam zeigte auf so einen finsteren, von innen her verglühten, riesenhaft rußschwarzen Kafka-Bau. »Das Ministerium für Liebe«, sagte er.

Nicht in England, nicht in Frankreich, in keinem anderen westeuropäischen Land gab es einen so umfassenden Zusammenbruch bestehender Ordnungen – mit all den damit einhergehenden Brutalismen, Härten, Zerstörtheiten.

Gerade auch dem hat Techno sich völlig unspektakulär und ohne missionarische Hintergedanken automatisch geöffnet. Die anfangs noch Nachtleben-typische Sozialmelange machte schon sehr bald einem denkbar weitestgefächerten Sozialspektrum Platz. Keiner kennt sie nicht: die unglücklichen Kreaturen, all die Mühseligen und Beladenen, die massenhaft Stumpfen, Trostlosen, Kaputten und Verblödeten, die auch mitstapfen dürfen, wie fucking jeder, der will, zu dem einen Beat.

---

7 *dissen:* jugendsprachl. für ›missachten, angreifen‹, von engl. ›to disrespect‹ abgeleitet.

So wurde es so langsam ganz schön eng überall, richtig anstrengend.

So viel Glück, so viele Menschen.

Hitze, Durst, Substanzen.

So viel Lüge plötzlich auch, so viele Widersprüche. Vielen wurde das alles zu viel. Zurück zu den Wurzeln. Bewegungsintern wurde neu gebildet, was die Sache ursprünglich als Ganzes mal gewesen war, und so, vor allem musikalisch, immer neu auch wieder wirklich wurde: ›Underground‹.

Unter wechselnden Titeln (Intelligent, House, Electro, Jungle, Drum and Bass, Neotechno) kehrte man zurück zu ordentlichen, übersichtlich kleinen, alten Werten. Unabhängig davon, was es für neue gesellschaftliche Realitäten gibt, gibt es als ältesten Generalkonsens bei ganz vielen immer die Bitte: bitte nicht zu viele.

Bloß kein Geld. Geld: böse. Teilnahmebedingung sollte statt dessen wieder sein: die richtige Gesinnung. Die allerplumpesten, ausgeleiertsten Scripts aus den jahrzehntelang probierten Subkultur-Kontexten wurden hervorgezogen und neu aufgeführt. Extrem spannend.

Dennoch führte diese Entwicklung dem großen Ganzen des Dance-Dings, egal was die Anti-Akteure darüber dachten, immer neu neue musikalischen Ideen zu. Und vor allem endlich auch: die WORTE.

Bisher hatte es nur zwei Texte gegeben: die Nacherzählung der auf Platte erschienenen Musik (frühe Hochblüte: DJ Tanith Tanatos' Plattenkritiken im frühen Frontpage) und den Erlebnisbericht von der Partyfront. Die Geschichte dieser Textformen ist die Geschichte des meteorhaften Aufstiegs der Zeitschrift Frontpage und ihres Verglühens.

Salut: JL. Wir haben immer an dich geglaubt.

Frontpage agierte da, wo die eigentlich zuständige Presse, wie *Spex*[8] und *taz*, nicht waren. Wo waren die eigentlich? Neulich leistete sich die taz, erstaunlich sou-

---

8 führende deutsche Zeitschrift für Popkultur.

verän, eine einseitige Reflexion zu diesem Thema: wo war die, nach eigenem Selbstverständnis doch so avancierte Kulturguerilla, als das sozial und musikalisch wirklich Neue im Umfeld von Techno-House geschah? Wo war sie? Bei sich daheim, bei ihren Worten, verstrickt in interne Kämpfe, in Diskursobsession, von Weltangst gelähmt. No risk, no fun.

Anders als Gabba und Goa, für sich mächtige, autonome Großfürstentümer in Technoland, aber eben um die Realität des Tanzes gruppiert, waren alle anderen Subreiche Nicht-Tanz-Tanzwelten. Diese Selbstwidersprüchlichkeit machte den ›Underground‹ und die in ihm versammelte Spasten-Versammlung, die er allen mitbrachte, so produktiv: verbal produktiv.

So kamen erste neue Worte in Sicht. So konnte man anfangen, sich grob fürs erste zu orientieren. Wie die Sache, von innen gesehen, jedoch dargestellt wie von außen, als Ganzes aussah. Widerspruch. Im Widerspruch dagegen formierte sich, langsam wie die Worte nun mal sind, eine Ahnung von Begrifflichkeit, die paßt und stimmt. Die Absetzungsbewegung da dagegen wiederum trat an unter dem infernalisch und fast schon verzweifelt herausgeschrienen Tanzkampf-Aufruf: »ABFAHRT!« Bis zum Zusammenbruch. Das war unsere Intelligenz, unser Techno.

Damals war es, da reiste ein harter Kern aus München zur Parade wild entschlossen böse an, hatte eigenes Bier und eigenen Limes für den eigenen Wagen klar gemacht, – um sich dann da zu dem Schlachtruf »WE ARE THE HATE SQUAD« so brutal rand- und haltlos zuzubetrinken, daß alle weiteren Festivitäten im Nebel der Amnesie des pathologischen Rauschs verschwunden blieben – bis wir uns irgendwann im Hotel wiederfanden, Tage später, schlaff beim Suffchillout am Swimming-pool.

Daran denkt man gern zurück.

All das war viele Jahre her.

Wie schauts denn heute aus? – Wir nähern uns der Gegenwart. – Ich kann es nicht so recht erkennen, Herr.

Der gegenseitige Austausch zwischen Bewegung und Gesellschaft hat alles in alle Richtungen vielfach importiert und exportiert. Pleiten, Pech und Pannen, Realpolitik und Religiositäten, Spirit und echte soziale Novität. Das einstmals Neue ist dabei verschwunden, ist aufgenommen worden, wurde vielfältig gesellschaftlich inkorporiert. Das Sozialexperiment Dance ist nun auch Wirtschaftsfaktor, genauso wie es immer noch Ideenträger ist und Vision.

Das Schöne dabei: gute Ideen, die man kaufen kann. Keiner muß denen beitreten, nirgendwo muß man sich ausweisen, der Zutritt wird nicht über Exklusiv-Mitgliedschaft vergeben und verwehrt.

Man dreht einfach das Radio auf. Und sie spielen, für jeden anders, das eine Lied, das einem gilt und dadurch gehört. Für ganz viele war das diesen Sommer: *Sonic Empire*, von keinem Geringeren als dem Kollektiv der »Members of Mayday«.

Die Leute haben diese Platte auf Platz 1 der Single-Charts gewählt per Kauf.

Was für ein Triumph, vor allem musikalisch. Wann war zuletzt eine Platte von solcher reichen Qualität so vielen Menschen so plausibel? Die Ingredienzen hatte Westbam im vergangenen Jahr bei seinen Gigs im E-Werk in Berlin, gemeinsam mit dem dortigen Publikum, wahrscheinlich unübertrieben wirklich das tollste Publikum der Welt, hervorprozessiert, getestet, verfeinert und zu Perfektion entwickelt, für alle erkennbar. State of the Art, ein neuer, erweiterter Techno-Begriff. Abschrei-Höhepunkt der besten Partys, Soundtrack, der aus jedem Autoradio kommt.

Was für eine geile Platte.

Ähnlicher Glückseffekt wie durch Dietls Erfolg mit

›Rossini‹[9]: nicht, daß das Kollektiv geschmacks-tech-
nisch nicht irren könnte, dauernd aufs grausamste anders empfinden würde als man selbst, … aber eben
nicht immer, manchmal genau NICHT. Manchmal empfindet man wie alle.
Das sind für mich glückliche Momente für, ich wiederhole, die Demokratie.

So ist insgesamt durch Dance geschehen, wovon Kunst,
seit es sie gibt, träumt: mitzuwirken daran, daß es eine
neue Welt gibt, die – und sei es nur ein Mikrobißchen –
besser ist als die, die war.
Dokumenta-Chefin Katharina Witt[10], die dem Konzept
Konzeptkunst den wohlverdienten, endgültigen Todesstoß
gegeben hat, wird es nicht erkennen können: daß die Love
Parade auch heuer wieder wahrscheinlich das große, beste
und bedeutendste Kunstwerk dieses Sommers sein wird.
Der Augenblick, wo die Gesellschaft sich als Ganzes sinnlich wahrnimmt und – ohne all ihr Leid vergessen zu
müssen – sich trotz allem, irgendwie, ganz diffus bejaht.
Gerade die angekündigte Haß-Parade wird dabei ihren Beitrag leisten. Dank an die autonomen Bunker-Gabbanauten.
Und die rituelle Struktur, die da einspringt, wo das Neue
verschwand, hat etwas Mildes, Riesenbäuchiges an sich.

Es ist Juli geworden. Die Love Parade schiebt sich wieder
durch Berlin.
Wer wissen will, wie es wird, schaltet den Fernseher ein,
auf Viva. Oder geht selber hin. Habt ihr auch wieder irgendwie auch Angst davor? Ja, jedes Jahr neu. Wird schon
werden.
Let the sun shine in your heart.
Alles Gute allen. Peace.

---

9 Der Film »Rossini« des deutschen Regisseurs Helmut Dietl war eine
  überaus erfolgreiche Komödie über die Münchener Kultur-Schickeria.
10 erfolgreiche Eiskunstläuferin aus der ehemaligen DDR. Es handelt sich
   hier um ein Wortspiel von Goetz; gemeint ist die Chefin der Kunstausstel-
   lung documenta X, Catherine A. David.

Max Goldt *(geb. 1958) hat Anfang der 80er-Jahre als Kopf der Band Foyer des Arts mit absurd-witzigen Texten erstmals auf sich aufmerksam gemacht. Bekannt wurde er dann durch seine Kolumnen in der Satire-Zeitschrift* Titanic.

16. Junger Mann, der sich eine
Schallplatte gekauft hat

Ich bin gern in Ungarn, obwohl es sprachlich wohl ein wenig hübscher wäre zu behaupten, ich sei *ungern in Ungarn*. Abgesehen davon, daß ich durchaus nicht ungern in Ungarn bin, hätte ich unheimlich ungern eine ca. 13jährige Tochter, die neben mir im Café säße und ein mit englischsprachigem Unsinn bedrucktes rosa Leibchen trüge, das sie sich von meinem sauer erwirtschafteten Geld »geholt« hätte. Tränke sie eine Tasse Schokolade und bestellte daraufhin eine zweite, die sie aber nach wenigen Schlucken beiseite stellte, weil ihr übel würde von so viel Kakao? Genau so wäre es, und für die beiden Schokoladen müßte selbstverständlich ich blechen. Es gibt auch keinen Zweifel daran, daß sie fettiges, strähniges Haar, schlechte Zensuren und als ersten Freund jemanden hätte, der ausgerechnet *Achmed* hieße:
»Vati, darf ich heute mit Achmed flippern gehen?«
»Weder flippern noch mit Achmed wirst du!«
»Nichts darf man hier. Alle anderen in meiner Klasse …«
etc.
Danach würden Türen knallen, das dumme Ding schmisse sich unter ihre *David-Hasselhoff-Poster*, um schallend ein wenig zu weinen, aber kaum eine Stunde später sähe man sie rausgeputzt und aufgekratzt mit einer Horde anderer Töchter und morgenländischer Jünglinge durch die Fußgängerzone einer jener deutschen Mittelstädte vagabundieren, in denen Eltern mit dermaßen fadem Nachwuchs kraft Gesetz zu wohnen haben. Mir ist ganz behaglich dabei zumute, daß der Wind bislang darauf verzichtet hat,

meinen Samen in eine jener Höhlen zu wehen, in denen solche Töchter entstehen.

Ich sehe da einen jungen Mann die Straße entlanggehen. Er trägt eine quadratische Plastiktüte. Ich bin fast sicher, daß da eine Langspielplatte drin ist. Völlige Sicherheit ist aber ausgeschlossen; denkbar wäre auch, daß die Tüte ein enorm großes, quadratisches und extrem flaches Stück Hartkäse enthielte. Ich meine aber, daß ich mich nicht lächerlich machen würde, wenn ich mich entschieden für die LP-Version stark machte.

Nun gut, der Junge hat sich also eine Schallplatte gekauft, von seinem eigenen Geld hoffentlich. Von meinem jedenfalls nicht. Das ist mir schon erheblich lieber als die doofe 13jährige Tochter.

Es könnte natürlich auch sein, daß sich der junge Mann gar keine Platte gekauft hat, sondern gerade dabei ist, eine von einem Freund geliehene nach Hause zu tragen, um sie z. B. auf Kassette zu überspielen. Allerdings sieht die Tüte viel zu fabrikneu aus, als daß sie dieses Denkmodell untermauern könnte.

Doch möglicherweise ist der junge Mann einer, der pfleglich mit Tüten umspringt oder jemand, der zerknitterte Exemplare gerne glattstreicht, damit keiner denkt: »Dieser junge Mann trägt eine völlig abgenudelte Tüte, in der eine abgedudelte Platte von annodazumal steckt«, sondern: »Ah, da kommt ein junger Mann, der sich durchaus eine nagelneue Schallplatte leisten kann, eingespielt von führenden Vertretern der aktuellsten rhythmischen und melodischen Tendenzen!« Aber: Wer bügelt schon Tüten? Und was soll das ganze Denken und Erwägen und Entgegenhalten? Das wäre ja z. B. schrecklich, daß man, wenn man auf der Straße eine Dame sieht, die in ihrem Einkaufsnetz eine Zitrone mitführt, analysieren müßte, ob sie die Zitrone soeben gekauft oder von einer Freundin geliehen habe, oder ob sie auf dem Wege sei, eine geliehene Zitrone deren ursprünglichem Besitzer zurückzubringen. Und, oh, vielleicht hat sie die Zitrone gar gestohlen! Das wäre gemein! Einer Zitronendiebin würde man in der Straßenbahn kei-

nen Sitzplatz anbieten, und sollte die Dame vor meinen
Augen in eine Pfütze stürzen, würde ich ihr nicht aufhelfen,
sondern mich großtun und schreien: »Jaja, so eine Pfütze
ist der ideale Ort für eine Zitronendiebin wie Sie!«
Solche Gedanken sind aber ungerecht. Menschen, die
für falsche Schlußfolgerungen empfänglich sind, werden
durch sie nachgerade verleitet, Passantinnen in Pfützen zu
stürzen, nur weil sie Zitrusfrüchte dabei haben. Still und
höflich sein Leben fristen, Damen in den Mantel helfen,
auch solchen mit Zitronen, ja, Damen mit gestohlenen Zitronen in eine von mir aus vollständig zusammengestohle-
ne Garderobe zu helfen, das ist nobel.
Nun sitzt der junge Mann, der sich die Schallplatte gekauft hat, in der Straßenbahn und ich ihm gegenüber. Er
schaut in seine Tüte und versucht so, die auf der Platten-
hülle abgedruckten Informationen zu lesen. Leichter fiele
ihm das, wenn er dazu die Platte aus der Tüte herausnäh-
me, doch sensibel ist er: Will nicht, daß ich sehe, was für
eine Platte er sich gekauft hat. Es könnte ja sein, daß er
auf gut Glück eine ihm unbekannte Platte gekauft hat und
fürchtet, daß ich die Platte kenne und wisse, daß sie ein
abstoßendes Machwerk bar jeglicher rhythmischen und
melodischen Erkenntnisse sei und deshalb denke: »Nein,
so ein netter junger Mann und so eine abscheuliche Platte!
Da hat das Leben mal wieder ein mattes Drehbuch geschrieben!« Daß ihm diese Situation nicht gefiele, kann ich
gut verstehen. Auch ich war mal ein junger Mann, der sich
eine Schallplatte gekauft hat.
Ich habe mir, genauer gesagt, sogar andauernd Schallplat-
ten gekauft und weiß daher, daß dies mit sehr dramati-
schen Erlebnissen verbunden sein kann, besonders wenn
man in eines jener kleinen Geschäfte geht, die darauf spe-
zialisiert sind, Platten von Gruppen feilzubieten, die kein
Mensch kennt mit Ausnahme der Leser bestimmter Zeitschriften, die ausschließlich über Gruppen berichten, die
kein Mensch kennt. Einen solchen Laden zu betreten, er-
fordert Mut und Selbstbewußtsein, doch ich ermanne
mich:

Der Plattenhändler steht wie üblich am Tresen und schenkt seinen drei Lieblings-, Stamm- und Busenkunden gerade Kaffee ein. Tapfer sage ich: »Hallo.« Es folgen grausame Zehntelsekunden, doch endlich formen die Lippen des Händlers ihrerseits ein »Hallo«, und ja, er kennt sogar meinen Namen! »Puh, das ist ja noch mal gutgegangen«, denke ich und mache mich daran, den Neuerscheinungskasten zu erforschen, obwohl ich eigentlich etwas ganz Bestimmtes von einer berühmten, schon seit vielen Jahren existierenden Gruppe möchte, aber es gibt ein sensibles Problem: Die Platte ist bereits vor gut einem Vierteljahr erschienen, und eine Platte, die alles andere als ein Geheimtip ist, drei Monate *zu spät* zu erstehen ist etwas, was einen in der Wertschätzung eines solchen amtlichen Plattenhändlers zur zwar für den Geschäftsgang lebensnotwendigen, aber doch keineswegs namentlich bekannten und sicherlich nicht mit Handschlag begrüßten *Laufkundschaft* degradiert. Hätte ich die Platte doch gleich nach Erscheinen gekauft! Ich hätte bloß erklären müssen: Ja, ich find das ja auch nicht mehr so toll, was die heute machen, aber ich habe halt von Anfang an alles von denen gekauft, und der Sammeltrieb will ja befriedigt sein. Das hätte der Händler gewiß verstanden. Vielleicht könnte ich aber irgendeine obskure Import-Maxi nehmen und die Platte von der weltberühmten Gruppe quasi darunterschieben und, sollte der Händler komisch gucken, einfach sagen: »Ach, die ist für meinen kleinen Cousin ...«

Mein Sinnieren wird nun unterbrochen, da ein Ömchen sich verirrt hat. Unsicher blickt es umher und sagt zum Händler: »Ja, meine Enkelin hat nächste Woche Geburtstag, und ...« Die Augen des Plattenmannes und seiner Lieblingskunden, die inzwischen beim Cognac angelangt sind, nehmen einen entrüsteten Ausdruck an, doch die kleine Frau versteht das Signal nicht und fährt fort: »... und da hätte sie gern *eine Platte von der Tina Turner* ...« »Tina Turner führen wir nicht«, versetzt der Händler, und wer bislang nicht wußte, was Verachtung ist, der weiß es jetzt; die Alte schaut sich noch einmal um – »Ach, ist das hier doch kein Schallplattengeschäft?« – und nachdem sie sich getrollt hat, herrscht Ausgelassenheit im Laden, »meine Enkelin hat nächste Woche Geburtstag, hahaha«, wird immer wieder nachgeäfft, und ich kaufe die obskure Import-Maxi und zwar nur die.

Meine THE CURE-Platte habe ich mir dann lieber in der Phonoabteilung eines Warenhauses in einem Außenbezirk gekauft, aber was macht inzwischen eigentlich der junge Mann aus der Straßenbahn? Er ist ausgestiegen und wird von mir verfolgt, weil ich unbedingt wissen möchte, was für eine Platte in seiner Tüte steckt. Das wirkliche Leben hat sich nun leider eine unerhört überkandidelte Pointe für sein müdes Drehbuch ausgesucht. Ein Autor, der so was dreist erfände, würde garantiert nie zu einer stattlich dotierten Würdigung kommen, sondern müßte vielmehr sein karges Dasein damit fristen, daß er vor angetrunkenen Jungbohémiens in stickigen Kelleretablissements Lesungen durchführt. Von Schreibern wird ja bekanntlich viel mehr Logik verlangt als vom wirklichen Leben, welches sich also folgende Verschraubung in sein Drehbuch schmierte:

Der junge Mann, der sich die Schallplatte gekauft hat, läuft durch eine Straße. Außer ihm und mir ist noch eine ältere Dame unterwegs, welche ausgerechnet eine Zitrone in ihrem Einkaufsnetz hat. Nun schreit der junge Mann der Dame ins Gesicht: »Zitronendiebin!«, stößt sie in eine zufällig anwesende Pfütze und macht sich davon.

Ich will ihn nicht verdammen. Wer weiß, was er durchgemacht hat? Aus diesen kleinen Import- und Raritätenläden kommt man ja oft völlig zerrüttet heraus. Ich muß nun natürlich als höflicher Mensch der Dame aus dem Schlamm helfen, obwohl ich fürchten muß, daß sie mich für den halten wird, der sie so ungalant in die Horizontale befördert hat, und daß mir daher ein schönes Donnerwetter bevorsteht. Und richtig, kaum daß sie wieder aufrecht steht, fängt sie an, mir Schuld zuzuweisen und mit ihrer Zitrone auf meinen Schädel einzuschlagen.

Aber welch wunderbarer Singsang liegt in ihrem Schimpfen! Ist das nicht das liebe Deutsch der Ungarn? Und wie ich der Dame mit einem Zellstofftaschentuch den Kot aus dem Gesicht wische, gewinne ich nach kurzem Zweifel die schweißtreibende Erkenntnis, daß ich soeben *Marika Rökk*[11] aus einer Pfütze gefischt habe. Nach gewissem Debattieren gelingt es mir, der Künstlerin glaubhaft zu machen, daß nicht ich der Übeltäter gewesen bin, und ich gehe mit der schlammtriefenden Diva in ein Weinlokal, wo wir vortrefflich miteinander plaudern.

Sie sei ja jetzt wieder zu gern in Ungarn, sagt sie, früher in der kommunistischen Zeit, da sei sie immer ein bißchen ungern in Ungarn gewesen, aber jetzt . . . Ja, jetzt, pflichte ich ihr bei, jetzt habe ich für Menschen, die ungern in Ungarn sind, gar kein Verständnis mehr, aber damals, während der kommunistischen Mißwirtschaft, da sei ja wohl so ziemlich jeder ungern in Ungarn gewesen, aber noch weniger gern hätte ich damals eine ca. 13jährige Tochter gehabt, die neben mir im Café gesessen und auf meine Kosten heiße Schokolade getrunken hätte, bis ihr schlecht geworden wäre, und die immer Ausländer angeschleppt hätte, die zwar nicht unsympathisch gewesen wären, das nicht, aber ja nun mal doch, Hand aufs Herz, Frau Rökk, Sie sind doch da kompetent, eine ganz andere Mentalität haben, wenn nicht sogar einen anderen Hormonpegel. Essen die nicht sogar Singvögel? So ganz unsere Welt ist das ja nicht, ihre doch wohl auch nicht, verehrte Frau Rökk.

Die Tochter, die ich glücklicherweise nicht habe, ist, wenn man so sagen darf, mittlerweile den Ausländern entwachsen. Achmed studiert Tiefbau in München, Dragan sitzt wegen Drogenhandel, und Süleyman wurde von Rechtsradikalen auf offener Straße dermaßen übel zugerichtet, daß meine Tochter sich, wie sie meinte, schweren Herzens von

---

11 Marika Rökk (geb. 1913), bekannter ungarischer Operetten- und Revuefilmstar der Ufa in den 30er- und 40er-Jahren.

ihm trennen mußte. Ein paarmal hatte sie ihn natürlich im Krankenhaus besucht, aber nach einigen Monaten war klar, daß da wohl schlimme Narben bleiben würden, und als Sülli, so der Kosename, zum x-ten Male bei uns aufkreuzte, machte meine Tochter ihm ein für allemal klar, daß das jetzt vorbei sei. Wenn man als Deutsche mit einem Ausländer gehe, werde man ja sowieso schon schief angesehen, und jetzt, wo er so verunstaltet sei, werde das ja noch schlimmer, da würde sie sich ja doppelt diskriminiert fühlen, das halte sie nervlich nicht durch. Der arme Sülli fügte sich, meine Tochter heulte ein paar Tage unter ihren Postern herum, und heute hat sie mir ihren neuen Freund vorgestellt. So ein junger Mann mit einer Schallplattentüte in der Hand. Robert heißt er. Nicht unsympathisch. Nein nein, nicht derjenige, der Marika Rökk in die Pfütze stieß. So bündige Schlußpointen schreibt das Leben wirklich nicht. Irgendein anderer halt. Dutzendgesicht. Poussiert mit meiner Tochter herum. Zwei, drei Monate wird es gutgehen, und dann ist der nächste dran. Schluß, aus, keine Pointe.

17. *Ein Eimer Erbsen mittelfein*

Ein Eimer Erbsen mittelfein
steht mahnend auf der Autobahn.

»Woran gemahnt er? Wovor warnt er?«

Vor dem Atomtod.

»Ach so.«

Ein Stapel alter Kinderschuh
liegt mahnend auf dem Flugplatz.

»Woran gemahnt er? Wovor warnt er?«

Vor dem Atomtod.

»Ach so, freilich.«

Georg Martin Oswald *(geb. 1963) ist Rechtsanwalt und Schriftsteller; er hat einige Romane veröffentlicht und u. a. auch einen Essay zum Thema Popliteratur verfasst (s. Literaturhinweise).*

18. *Grimmelshausenvariation (slight return)*

Mein Elternhaus, das aus dem Dreißigjährigen Krieg stammt, steht weit außerhalb des Dorfes Wirsing im Schutz der Autobahnböschung nahe der Ausfahrt zu jener Siedlung, die als Geburtsort in meinen Paß eingetragen ist, obwohl ich dort nie zu Hause war und von den einheimischen Kindern mit Steinen beworfen wurde, wenn ich durch seine Straßen lief, was allerdings selten vorkam.
Ich wurde verspottet als der »Henkersbub«, denn sie behaupteten, in unserem Haus habe früher der Henker gewohnt, was nicht stimmt. Ein Sauhirt hatte hier sein Heim und später Tagelöhner und Zigeuner, schließlich aber, seit den späten sechziger Jahren unseres Jahrhunderts, jede Menge Hippies, die sich nach und nach im Strom der Zeit verloren, bis schließlich nur noch meine Eltern übrig blieben. Meine Eltern und ihr Sohn, ich. Da meine Eltern weise waren, wußten sie, daß alles Leben in seinem Urzustand am besten aufgehoben sei, weswegen sie am Hause nichts veränderten und milde lächelnd zusahen, wie es nach und nach herunterkam und immer mehr verrottete.
Als mein Vater und ich einmal hinter dem Haus standen, um einen morschen Balken zu begutachten, der in der Nacht davor vom Dach gefallen war, sahen wir, daß Würmer und Maden aus ihm hervorkrochen. Mein Vater sagte: »Siehe, Sohn. Der ganze Dachstuhl wird zusammenbrechen, denn er wird von Insekten nach und nach zerfressen, und das ist ganz natürlich. Zuerst wuchsen da Bäume und wurden brutal von Menschenhand gerodet und gezwungen, diese völlig unnatürliche Form eines Dachstuhls anzunehmen. Und damit es so bleibe, hat man sie gestri-

chen, gewachst und imprägniert – ›behandelt‹, wie gesagt wird. Doch jetzt endlich sind die Maden und die Würmer und die Käfer drin und sorgen dafür, daß aus dem Dachstuhl erst Holzmehl und dann schließlich wieder Erde wird, die dann als Dünger dienen kann für Bäume, die wachsen wild und frei und unbedroht vom Hackebeil des Menschen.«

Also sprach mein weiser Vater und sog an seinem Chillum, das er mit seinen bloßen Daumennägeln aus einer abgestorbenen Wurzel liebevoll und friedlich gefertigt hatte.

Es war nicht leicht für mich, den Worten meines Vaters genau zu folgen, denn der Straßenlärm war ohrenbetäubend. Niemals hatten sich meine Eltern über die Autobahn geäußert, und niemals hatte ich Gelegenheit zu begreifen, worum es sich bei diesem dröhnenden Ungetüm handelte, das sich auf seinem mächtigen Damm durch die Landschaft wand wie eine sagenhafte Schlange. Weder wußte ich, was Autos waren, noch begriff ich, wozu sie dienten, weil niemand es mir je erklärt hatte. Auch in bezug auf meine Ausbildung nämlich waren meine Eltern der Ansicht, es sei mehr als vernünftig, die Kinder in ihrem ursprünglichen Zustand der Unwissenheit zu belassen, da jede Kenntnis des Menschen, dessen Natur es nun einmal sei, zu irren, sobald er mit dem Denken beginne, sich früher oder später doch als falsch erweise, so daß man sich die Mühe der Erziehung gleich sparen könne.

Seinen Grundsätzen blieb mein Vater in jeder Lage seines Lebens treu wie meine Mutter. Nur eine Schwäche hatte er, der er sich besonders gern ergab, wenn er von den halluzinogenen Gräsern geraucht hatte, die hinten im verwilderten Gemüsegärtchen wucherten, nämlich das elektrische Gitarrenspiel auf der Veranda. Hatte mein Vater nach etlichen Chillums endlich seine Fender Stratocaster umgeschnallt, war ihm das natürlich plötzlich ganz einerlei. Als Stromquelle diente ihm ein dieselbetriebener Kompressor, dessen Geknatter ihm die rhythm section ersetzte und köstlichen Strom in einen mannshohen Marshall-Verstärker einspeiste, den mein Vater zum Erbeben brachte, indem er in die Saiten drosch. So gelang es ihm sogar, die Autobahn zu übertönen, und im Triumph bog er beim Spiel so sehr den Rücken durch, daß sein schütteres hüftlanges Haar seine nackten Fersen berührte. Er spielte keine wirklichen Stücke, denn er beherrschte nur die ersten drei Takte von Jimi Hendrix' *Voodoo Chile*, mit denen er immer anfing, wenn er spielte, um alsdann in ein Solo überzuleiten, das erst mit seinem physischen Zusammenbruch sein Ende fand. Auch mich unterwies mein Vater auf der E-Gitarre – Stromgitarre, wie er sagte, denn seine Vorfahren stammten aus Österreich. Sonst aber hielten es meine Eltern ganz mit dem Natürlichen und Ursprünglichen, weswegen sie auch die Auffassung vertraten, wo einst, während des Dreißigjährigen Krieges, ein Sauhirt gewohnt habe, müsse schließlich wieder ein Sauhirt wohnen, und also hielten sie ein übersichtliches Rudel Schweine, das außer Dreck und Gestank kaum etwas produzierte, und meine Aufgabe war es, diese Säue zu hüten. So verbrachte ich meine Tage damit, den Schweinen meiner Eltern *Voodoo Chile* auf der Stromgitarre vorzuspielen, wie ich es von meinem Vater gelernt hatte.

Eines Abends, der Himmel leuchtete schwefelgelb im Sonnenuntergang, näherten sich Motorräder unserer armseligen Behausung, als mein Vater und ich gerade auf der Veranda unser Gitarrenspiel übten. Vor einer mächtigen Staubwolke kamen sechs oder sieben schwere Maschinen näher, in deren Chrom die Abendsonne golden funkelte. Mein Vater, der sich gerade in einem besonders verwegenen Solo verheddert hatte, hörte sofort auf zu spielen, als er der Motorradfahrer ansichtig wurde, und er begann zu schreien, wie er sonst nur schrie, wenn meine Mutter nach stundenlanger Abwesenheit aus dem Wald oder gar dem Dorf zurückkam. Kein wütendes Geschrei war das, sondern eines zwischen Jubel und Klage, dessen Sinn sich mir niemals recht offenbart hatte. Da aber mein Vater auch jetzt dieses mir zwar rätselhafte, immerhin aber doch bekannte Schreien anstimmte, war ich sicher, die Ankömmlinge seien ihm mehr oder weniger willkommen. Bei mir hingegen hielten sich Furcht und Neugier die Waage, denn ich hatte noch nie erlebt, daß wir Besuch bekommen hätten. Die Motorräder hielten vor unserer Veranda, ihr Donner übertönte unseren Kompressor, und es stiegen Gestalten von ihnen herab, die ich in meiner damaligen Unwissenheit für Fabelwesen hielt. Heute weiß ich, es war eine Abordnung der »Black Devils«, die an einem sogenannten Motorradtreffen in einer Lichtung des nahegelegenen Waldes teilnahmen und sich den Spaß machten, einmal bei uns vorbeizuschauen.

»Grah! Seawas! Hä, du Schwindliga!« rief ihr Anführer meinem Vater im breitesten Wienerisch zu. In der Tat zierte ihre Kutten der Schriftzug »Black Devils – Sektion Wien«. Und meinen Vater schienen heimische Gefühle zu überkommen, denn er antwortete in einem Idiom, das ich nicht verstand. Daß er dabei vor den Fremdlingen in die Knie ging, hielt ich für besondere Höflichkeit, zumal das von ihnen mit rauhem, aber, wie mir schien, herzlichem Gelächter quittiert wurde.

»Gäh weida Zausel, wo is de Marie und wo is dei Oidä?« plärrte ihn der Anführer an, derweilen die anderen ins Haus hineingingen und offenbar etwas suchten, was sie nicht finden konnten, denn sie warfen unser spärliches Mobiliar durch die Luft, daß es an den Wänden zerschellte. Einer der Besucher raunzte mich an: »Schleich de, Biabal!«, und obgleich ich nicht verstand, trollte ich mich hinter das Haus, wo ich sah, wie zwei »Black Devils« meine Mutter unterhakten und in die Scheune schleiften. Meine Mutter schien das sehr komisch zu finden, denn sie jauchzte und schrie und warf dazu die Beine in die Höhe. Ich habe sie aus der Scheune nicht wieder herauskommen sehen. Unterdessen hatten sie meinen Vater auf der Veranda an seine elektrische Gitarre angeschlossen, indem sie ein zweites Kabel vom Kompressor zu meines Vaters großem Zeh verlegt hatten.

»Ohf gäht's, Stromgidarrn spühn!« brüllten sie und drehten den Kompressormotor auf Vollgas, so daß mein Vater sein fantastischstes Solo zustande brachte, denn er spielte so schnell und so laut, wie nie zuvor und unsere Gäste johlten vor Begeisterung, bis mein Vater – ein wenig früher als gewöhnlich – zusammenbrach, was ich nicht für verwunderlich hielt, beendete er seine Soli doch immer auf diese Weise.

Ich fand gar keine Gelegenheit, mich von meinen Eltern zu verabschieden, so eilig packte mich einer der »Black Devils«, der einen Stahlhelm der Reichswehr mit zwei langen Rindshörnern darauf trug, auf den Sozius seiner Harley, deren Gabel von einem echten menschlichen Totenschädel gekrönt war. Die »Black Devils« stießen ein Triumphgeheul aus, als sie ihre Maschinen anwarfen und ich war so berauscht vom infernalischen Krach der Motoren, daß ich keinen Gedanken hätte fassen können, selbst wenn ich damals schon gewußt hätte, daß es so etwas wie Gedanken gibt.

Sie brachten mich in den nahegelegenen Wald, zu der Lichtung, auf der sie ihre sogenannten Motorradtreffen abhielten. Hier wurde jeden Sommer eine Woche nach Gesetzen gelebt, die meine Eltern als Angehörige einer höheren Zivilisation erscheinen lassen, und das will was heißen. Auf ihrer Lichtung befreiten sich die »Black Devils« weitgehend von ihrer Kleidung und liefen in Biker-Stiefeln und feingerippten Unterhosen herum, die meisten trugen dazu ihre Helme auf dem Kopf und ihre Waffen auf dem Arm, etwa eine abgesägte Schrotflinte oder einen Morgenstern. In eigens hierfür ausgehobenen Schlammlöchern begatteten sie ihre Bräute, die dabei jauchzten, kreischten und ihre Beine in die Höhe warfen wie meine Mutter, als sie in die Scheune geschleift worden war.

Vor einem gewaltigen Kerl, dessen behaarter Wanst über den Gummizug seiner gelblichen Unterhose hing, wurde ich zu Boden gedrückt. Der Riese war wohl der Chef, wie ich dunkel ahnte, über seine Brust mäanderten sich prächtige Ornamente, wie ich sie auch schon an den Körpern anderer »Black Devils« gesehen hatte, weswegen ich annahm, sie seien von grundsätzlich anderer Art als ich, etwa wie Außerirdische.

Der Riese sah zuerst mich, dann seine Männer lange aus schmalen Augen an und sprach schließlich bedrohlich langsam: »Daaß ma ja kaana den Buam aanlaangt!«

Sie ließen mich los und der Riese bedeutete mir aufzustehen, was ich auch tat. Der Riese hob mich hoch und drückte mich an seine Brust, diesen Berg aus Fett und Haaren, der roch wie der alte Eber meines Vaters. Ich war aufgenommen, und als die »Black Devils« begannen, die Feuer für die Nacht zu entfachen und unsere Schweine, von denen sie einige mitgenommen hatten, zu schlachten, durfte ich unbehelligt umherlaufen und zusehen, wie sie die stinkenden Tiere ausweideten und zum Braten fertig machten. Ich bekam einen warmen Platz an einem der Feuer und ein ordentliches Stück Fleisch, das ich mit Begeisterung aß, denn bis dahin hatte ich niemals welches genossen, mein Vater hatte die Schweine immer verkauft und niemals geschlachtet, sondern von dem erworbenen Geld Früchte, Körner, Milch und Cannabispflanzen gekauft, die er hinter dem Haus anbaute. Ich hatte keine Ahnung, was mit den Schweinen geschah, nachdem sie verkauft worden waren, und weil mir jeder Begriff von Erbarmen für die Kreatur fehlte – Bäume einmal ausgenommen –, weil mir bis dahin dergleichen niemand vermittelt hatte, war ich mit ihrer Schlachtung ganz einverstanden, denn das hieß, ich würde nicht mehr auf sie achtgeben müssen, und ganz besonders praktisch fand ich es, daß man sie auch essen konnte und sie großartig schmeckten.

Die »Black Devils« tranken aus großen bauchigen Flaschen und aus Kanistern. Sie wiesen mich an, Öl zu trinken und hinterher brennende Säuren, die sie »verdammtes Zeug« nannten und roten Wein, dem sie den Namen »Plörre« gaben. Sie hatten Geräte, ähnlich wie meines Vaters Marshall-Verstärker, aus denen ähnlicher Sound kam

wie bei Vaters Soli, nur härter und schneller und ergänzt
durch hohe, kreischende Männerstimmen, die von den
»Black Devils« imitiert wurden. Manche von ihnen stell-
ten sich, immer in Unterhose und Biker-Stiefeln, breitbei-
nig hin, warfen den Kopf vor und zurück, daß die Mäh-
nen flogen und führten Armbewegungen aus, als spielten
sie E-Gitarre, ohne jedoch eine solche in ihren Händen zu
halten!
»Graaah! Luftgidaan spühn!« plärrte der Riese und
strengte sich bei dieser Tätigkeit mindestens so an wie
weiland mein Vater, wenn er wirklich spielte.
Das »verdammte Zeug« und die »Plörre« hatten meinen
Körper zum Glühen gebracht und in meiner Brust sprang
ein wütender Kobold herum, der herauswollte und mein
Bauch brannte wie Feuer. Ganz wild wurde mein Kopf
und Tausenderlei ging darin durcheinander, einmal glaubte
ich zu fliegen, dann wieder zu liegen, einmal fühlte ich
mich so kräftig, wie nie zuvor, im nächsten Moment ganz
elend und ich verlangte nach mehr »verdammtem Zeug«
und »Plörre«, denn nur damit, schien mir, könne mein
Wohlbefinden gefestigt werden. In ihrer rohen Begeisterung konnten sich die »Black Devils« gar nicht genug beeilen, mir »verdammtes Zeug« und »Plörre« einzuflößen,
bis ich mich so stark fühlte, daß ich es auch mit dem Riesen aufgenommen hätte. Und da er immer noch mit dem
Luftgitarrenspiel beschäftigt war, stellte ich mich neben
ihn, warf meine Mähne vor und zurück und legte ein laut-
loses Solo hin, daß meine Kopfläuse in alle Richtungen
flogen.
»Graah, ned Luftgidaahn spühn! Do schau hi!« schrie
mich der Riese an. Zwei »Black Devils« schleppten, wie
ich sah, unseren Kompressor, den Marshall-Verstärker
und unsere E-Gitarre auf die Lichtung. Selig, endlich wieder einmal etwas Vertrautes zu sehen, taumelte ich ihnen
entgegen. »Grah! Geh weida! Stromgidaahn spühn!«
plärrte der Riese und ich begann ohne zu Zögern mit den
ersten Takten von *Voodoo Chile*, wonach ich so gewagt

101

wie noch nie zu improvisieren begann und, wie mir schien, unendlich lange mit dem Luftgitarre spielenden Riesen und den mähnenschwingenden anderen jammte.
Schließlich hatte ich, etwa eine Sekunde lang, das Gefühl, ich würde in meinem eigenen Kopf spazierengehen, bevor ich in Ohnmacht fiel.
Als ich wieder zu mir kam, lag ich an einem der Feuer, zugedeckt mit speckigen Decken, die rochen, wie unser Kompressor, wenn er nicht lief. Mit dem Kopf lag ich auf der Lederjacke des Riesen, deren Geruch zu beschreiben die menschliche Sprache nicht geschaffen ist.
Als der Riese, der neben mir saß, bemerkte, daß ich erwacht war, schrie er mich – beinahe zärtlich – an: »Schä host gspüht; leiwant, ächt leiwant!« Und er schlug mir mit seiner gewaltigen Hand dreimal flach auf den Brustkorb, daß es krachte. Davon betäubt schlummerte ich im Schein der Kerzen vor mich hin, als Unruhe aufkam. Es ging alles so schnell, daß es schon vorbei war, bevor ich überhaupt den Anfang richtig bemerkt hatte. Männer in grünen Gewändern, die merkwürdige Kappen trugen und behaarte Oberlippen hatten, waren plötzlich auf der Lichtung und fuchtelten mit kleinen metallischen Dingern herum, ohne Lärm zu machen, bis einer der »Black Devils« ein großes metallisches Ding aus einem Halfter zog und damit großen Lärm machte. Wie hätte ich wissen können, daß es Pistolen waren, womit die grünen Männer herumfuchtelten und eine Pumpgun, mit der der »Black Devil« drei oder vier der behaarten Oberlippen erledigte – wir hatten zu Hause ja nicht einmal einen Fernseher gehabt!
Es gab eine wilde Schießerei, bei der auf beiden Seiten beträchtliche Verluste zu beklagen waren, was auch getan wurde. Die überlebenden »Black Devils« verfluchten, als sie verhaftet und in Handschellen gelegt wurden, die grünen Männer mit den gewagtesten Ausdrücken, deren Sinn ich nicht recht habhaft werden konnte, während die Polizisten viel von Folgen sprachen, die dies alles nach sich ziehen würde.

102

Als sie mich sahen, begriffen sie schnell, daß ich keiner von den »Black Devils« war, sondern einer aus dem Sauhirtenhaus an der Autobahn, und sie sahen mich mitleidig an und klopften mir auf die Schulter. Ich wurde in eine graue Decke gehüllt, die roch wie die des Riesen, und sie setzten mich in ein Fahrzeug mit vergitterten Fenstern. Den Riesen und die anderen »Black Devils« sah ich nie wieder. Aber ich war nicht traurig, jetzt bei den grünen Männern zu sein. Was spielte es schließlich für eine Rolle, ob man bei der schwarzen oder bei der grünen Truppe dabei war.

Wiglaf Droste *(geb. 1964) ist Schriftsteller, Kritiker und Gelegenheitssänger. Er schreibt für Zeitungen und Zeitschriften wie* Junge Welt, Spiegel, taz *und* Titanic.

19. Späte Rache
oder: The Köln Concert

Einmal, ein einziges Mal nur in diesem Leben, schrieb ich einen Text aus persönlich motivierter Rachsucht; und Grund zur Rache hatte ich, Grund zur Rache an Keith Jarrett. Nicht an Jarrett als Person allerdings, sondern an einem seiner Werke: an der 1976 erschienenen Doppel-LP *The Köln Concert*. Dieser in schwarz-grau-weiß gehaltene Tonträger, auf dem Cover einen schwer auf innerlich gestrickten Mann zeigend, hatte schlimme Auswirkungen.
Fünfzehn war ich, als *The Köln Concert* erschien, und verfügte und gebot über einen sog. *Freundeskreis;* ein Wort, das beinahe wie *Bibelkreis* klingt, und in genau einen solchen verwandelte sich dieser *Freundeskreis* eben auch schlagartig, nachdem jenes Werk ihn erreichte, infizierte und durchdrang.
Zuvor war man, fünfzehnjährig, wie man vor sich hin dölmerte, ein den Dingen des Lebens durchaus zugetaner

junger Mensch, ja Jugendlicher gewesen. Auf Flokatis hatte man, so war es 1976 Pflicht, herumgelegen; unter jenen hirtenhundartigen Teppichen, von Müttern als »Staubfänger!« gefürchtet und verständnislos gehaßt, befanden sich gern einige möglichst silberfischverseuchte blau-weiße Matratzen vom Sperrmüll. Räucherkerzen glommen und müffelten vor sich hin, Sandelholz, Patschouli, und was sonst noch streng roch. Unbedingt erforderlich war auch ein braunes, getöpfertes Teeservice mit natürlich henkellosen Täßchen und einem Stövchen, auf dem eine Kanne mit aromatisiertem Tee, oft leider sogar in der Geschmacksrichtung bzw. wohl eher Geschmacksverirrung Vanille, zu stehen hatte, um die herumgruppiert man auf eben jenem Flokati möglichst cool, freakig und lässig herumlag; die als etwas spießiger empfundene Variante zum weißen Webfellteppich war die – von Mutter oder Omma – gehäkelte Patchworkdecke, die dann als, auch ein schönes Wort, sog. *Tagesdecke* auf dem Bett des *Jugendzimmers* ausgebreitet lag.

In diesen in stundenlanger Kleinarbeit auf locker und unaufgeräumt getrimmten Kemenaten also lungerte man herum; einmal hatte man sich sogar für zwanzig Mark vom Bahnhof auch etwas ganz besonders Schönes mitgebracht: ein kleines Päckchen oder Tütchen, und als man es zuhause öffnete, durfte man feststellen, daß zwei Gramm Currypulver recht teuer sein können. Selbstverständlich sah, wußte und roch man, was man sich da hatte andrehen lassen als grüner Junge; nichtsdestotrotz krümelte man sich tapfer das Currypulver in die Zigarette. Bedeutungsvoll zündete man sie an und inhalierte tief; nach sekundenlanger schwerer Stille ächzte man »Oh Alter … günstig … puuh, bin ich zu … geschmeidig« o. ä. und gab den angeblichen Joint dann weiter an die anderen, die jetzt ihrerseits in Zugzwang kamen; zwar wußten auch sie ganz genau, was die Zigarette enthielt bzw. eben nicht enthielt, mochten sich aber keine Blöße geben – nein, wenn der stoned war, dann waren sie es schon lange, und so lagen am Ende eben alle auf dem Kreuz als eine Art Leistungskurs Buddhismus, die Augen geschlossen, und vor lauter Autosuggestion schon selbst glaubend, daß sie den Adler kreisen sähen. (Alternativ wurden ähnliche Selbstversuche mit Lakritz, getrockneter Schuhcreme oder Hartgummi durchgeführt.)

Aber auch andere Dinge tat man; z. B. hatte ich mit fünfzehn ein Mofa der Marke *Rixe*, Modell »High Sport«; das ich natürlich *spitzgemacht* hatte, wie das hieß: anderes Ritzel drauf, kleinere Vergaserdüse und einen Klasse 5-Krümmer drunter; einmal wurde ich mit 57 km/h bergauf von den Wachtmeistern gestoppt, konnte aber glaubhaft versichern, ich wüßte auch nicht, wie das käme … tut mir leid … ich habe das so gekauft … äähh … *ab Werk.*

Mit diesem Mofa aus der Fahrrad- und Mofafabrik *Rixe* in Bielefeld-Brake knatterte ich fröhlich durch die Gegend; ich wohnte damals in Bielefeld-Altenhagen und besuchte den bereits o. g. *Freundeskreis*, der in eben Brake, Heepen, Oldentrup, Hillegossen, Stieghorst, Kusenbaum, Jöllenbeck, Knetterheide oder Milse beheimatet war – allesamt Ortschaften, die so sind, wie sie heißen. Kaum aber hatte ich mein jeweiliges Ziel erreicht und das *Jugendzimmer* betreten, bot sich 1976 das immergleiche Bild des Grauens: Ein junger Mann oder eine junge Frau lagen, mit dem Gesicht nach unten, auf Flokati oder Patchworkdecke, und dazu lief Keith Jarrett, *The Köln Concert*, fast immer die dritte Seite, auf der Jarrett heftiges Füßetrampeln und noch heftigeres Atmen in die Klaviermusik einführte. Dagegen war ja auch gar nichts zu sagen, aber Jarretts elegisches, kunstgewerbliches Spiel hatte eben auf die jungen Menschen die furchtbarsten Auswirkungen: Schlug man, während diese Platte lief – und sie lief quasi immer – egal was vor, so erhielt man chronisch die Antwort: »Ach nee … mir geht's heut' nicht so gut«, tönte es aus dem oder der wie waidwund oder todesmatt herumliegenden Gestalt, – »ich weiß auch gar nicht, wer ich bin.« – So sprachen Fünfzehnjährige, und schon damals schwante mir, während ich eher fassungslos in einem Türrahmen stand und meinen Sturzhelm in der Hand drehte, daß es keine gute Idee ist, wenn Deutsche nach ihrer *Identität* suchen: Entweder langweilen sie sich selbst und andere damit zu Tode, oder aber die Sache endet in Stalingrad.

Erst Jahre später, man hat ja als Schriftsteller in Deutschland *verletzlich*, wenn nicht *verwundbar zu* sein, konnte ich die mir 1976 zugefügten *Verletzungen* und *Verwundungen* bewältigen; 1985 war es, ich wohnte mittlerweile längst in Berlin (das war dann Anfang der 80er quasi Pflicht), schleppte mein damaliger Obermieter einen CD-Spieler und mehrere CDs an; im Sortiment hatte der geschmacksfreie Emigrant aus dem Rumänischen nicht nur alles von Pink Floyd und Genesis, sondern auch – genau: *The Köln Concert* von Keith Jarrett. So erfolgreich verdrängt hatte ich jenes Werk und seine fatalen, ja beinahe letalen Folgen, daß ich dem Angebot, da »mal reinzuhören«, bereitwillig zustimmte; kaum aber war die CD bei der ehemaligen Plattenseite drei angelangt, griff ich, ohne zu wissen, was und warum ich es tat, nicht etwa zu einem Joint, sondern zur Whiskykaraffe. Wiederholungen des Tests zeitigten stets dasselbe Ergebnis: Keith Jarrett, *The Köln Concert*, Seite drei: hastiger, ja panischer Griff des Probanden zur Karaffe.

Tief, ja metertief mußte ich graben und buddeln, bis meine *inneren Verkrustungen* aufbrachen und ich sie *aufarbeiten,* ja aufessen bzw. sogar aufwischen konnte: In nur acht Zeilen faßte ich die immerhin knapp 80 Minuten dauernde Doppel-LP zusammen – ein Verfahren, das auch beleuchtet, was ich seitdem unter dem Begriff »Gerechtigkeit« verstehe:

> Schwarze Tasten, weiße Tasten
> Töne, die das Herz belasten
> Hände, die nicht ruhn noch rasten
> Hasten über Tasten, Tasten

Junge Menschen wurden Greise
Wenn Keith Jarrett klimperte
Auf dem Flokati litt ganz leise
Wer vorher fröhlich pimperte.

Feridun Zaimoglu *(geb. 1964) ist in der Türkei geboren und Vertreter der so genannten deutschsprachigen Migranten-Literatur. In seinen Büchern* Kanak Sprak *und* Koppstoff *leiht er türkischen Einwanderern, die auf unterschiedliche Weise zu den Außenseitern der Gesellschaft gehören, seine Stimme.*

20. *Ich bin n taffer Liberalkiller*

Nesrin, 24, Rapperin und Street-Fighterin

Während einer HipHop-Party höre ich sie mit einigen Rappern lautstark streiten. Sie wirft ihnen vor, zu soft zu sein. Nach einer Weile beteilige ich mich auch an ihrem Gespräch. Sie betrachtet mich anfangs mit Argwohn. Als ich ihr in wesentlichen Punkten recht gebe, faßt sie Vertrauen und erklärt sich bereit, sich mit mir zusammenzusetzen und eingehender über dieses Thema zu sprechen.

Was ich rede, Meister, das ist nicht reden gegen irgendwas, gegen ne ganz bestimmte Adresse isses, die vornehm tut und glaubt, mit allen Wassern zu waschen und alle Schikanen zu kennen, und mein Reden, Meister, ist strikt gegen das Liberalultramild, gegen sein Schickimicki, sein Jet-set, gegen sosyete-bebe, gegen sein Kopfzerbrechen, wie er den Mohr vom letzten Dreck waschen kann, gegen s Pintwedelige, was er Kulturforschen nennt, gegen seinen gottverkackten Sprech mit wie interessant!, und was es nicht alles gibt! All das, was so n Liberalpissetrinker vorgeben tut zu verstehen, ist schlimmster Raub vom Reinoriginal,

ist Tränendummes und Kontofettes, Toskana-Arschficki-
ges und Weinkenneriges, Billighäutiges und Bürgerdoof-
zappeliges, ist: Papst tanzt im Kettenhemd, und wir Li-
beralen haben ja n Jahresabo, dürfen uns nichts entgehen
lassen. Was ein Furz im leeren Himmel, was ein Jammer-
clown dieser Liberalmilder; und Standard ist der Dumm-
sinnspruch: Dürfen's bloß nicht verpassen. Nettallesnett,
Somaliahunger und Kongofieber nettganznett, Bullen-
Skins-und-Hooliganschweine dreschen auf Kümmel im
dunklen Deutschland, achwieschadeaberauch, Rassenkra-
wall bald ganz bald, ach wie bitterböse aber auch, Frauen-
unrechtficker freigesprochen weil Mangel an Beweis, böse
Mösen gibt's doch auch. Dürfen's Programm nicht verpassen! Gegen sein Merci und sein Weißweinvernissagen-
quark und sein Krawattennadelgetue schmeiß ich ein
Fick-dich in die Runde und oute so nen Liberal als Kanni-
bal, als erster Yamyam und Fresser von Kanak. Kenarına
bak bezini al derler ya, tanırım ben bu lüks paçalı köpek-
leri, her şeye kafa sallar, her şeye amenna der, her deliğe
ilişir, ortaların beyi, köylerin muhtarıdır, boka bile bi gü-
zelim şirin göz alıcı kurdele takar bu kahrolası liberal. Was
sagt man bei uns? Wirf einen Blick auf eine Stoffalte und
nimm den ganzen Lappen, is doch Zeitverlust, große Augen zu machen, kenn ich ganz genau, diese Hunde in Lu-
xustracht, nicken ja zu allem, geben zu allem Wort und
Siegel, schnüren tänzerisch zu allen Löchern, Herr aller
Offenplätze, Vorsteher aller Dörfer, das sind sie, und um
Scheiß und Nippes ziehn sie ne feinkordelige Schleife
drum. Keiner soll mir kommen und mir über so n Bürsch-
chenverein Gefälliges berichten wollen, der Verein is n
ganzer Fischkopp, und der stinkt und stinkt. Yelpazeyle-
mi sisi kokuyu dağıtacan, willste mitm Fächer Dampf und
Stank vertreiben? Yok, nix da, das geht nicht, mit ner
Wucht kommst du so nem Gestank bei, nicht durch Tür-
und Fensteraufreißen und Frischluft reinfächern, der
Fischkopp muß raus da, hat nix zu suchen und nix zu sein
als verkackter Pipikram. Ich schick ne saftige Mahnung an

deren Scheißadresse, ich baller schöne gute Schmetterworte in deren Nester. Ihr Gabeninteressanttisch, an dem die Schwanzmelker Platz genommen, schmeiß ich um, ihre Regale mit Buchmonsterrücken schmeiß ich um, und ihr Mauldreck schmeiß ich um, das ernenn ich zu meiner Sache. Ehrenwert isses, auf sie zu zeigen und zu sagen: Ihr habt keinen Taug. Ich bin sichtbar, und meinen Hit land ich sichtbar stark, daß ihr Blech scheppert, daß ihre arschgefickte Natur im ersten wie im letzten auffliegt: Für Liberalultramild ist alles Spektakel zum Händeklatschen, und ihr Nixwerttun is ne einzige Tribüne. Und höchstens dann, wenn sie sich besonders gefährdet haben im Scheißbegaffen von Spektakel, meinen sie: Ich glaube, ich habe mich zu weit hinausgelehnt aus dem Fenster. Ihr Geist ist Kacke mit Glasur, und darauf will ich trümmern mit Hieb und Stich, damit ihr linkes Ding sichtbar wird. Sie wollen mich auf den Mund gefallen, aber ich bin ne Starkfrau, die ist nicht aufn Mund gefallen, und ich gefährde sie. Sie wollen mich als Schmerzweib in Fesseln und wollen sehen meinen Befreiungskampf, aber ich kämpfe, seit ich in diesem verruchten Deutschlandhaus bin, und Schmerz, den Liberalultramild meint, nenn ich Vulgärheulerei und Scheißkitsch und nen Grund, damit n Liberalultramild schnalzt und stinkfingert und belehrt: Wie unproperlich, o du Mischling, das mußt du anders machen! Mein Tarif is nicht ne Latinoguerilla, wo die hier ne nasse Möse kriegen von Che Guevara, mein Tarif heißt Fight, Fight und nochmals Fight von Sonneauf bis Sonneunter! Ich bin von meiner eignen Schule n Abgänger, in der Straßenschlucht bin ich wurzelfest, von hier hol ich meinen Gesamteindruck, und das alles macht mich zu dem, was ich bin: n taffer Liberalkiller, hart in meinem Bastardrödel, hart in der Sache, hart im Aufdecken vom scheiß Spiel, das uns Kümmel verdirbt. Soll zu Boden krachen, der gegen mein Gedeih muckt, soll er, der gemeine Hund, der Entschärfer. Wer mein Reden als Fluch versteht, der weiß nicht, was Deutschlandhaus ist: n Space der Masken, wo jeder Arsch

den Magic Drop sucht, den seligen Knockout oder aber n
ranzigsten Bock zum Sühneschächten, damit das viele
Blut irgend ne billige Kleinkacksünde reinwäscht. Im
Deutschlandhaus gafft doch jeder die rote Laterne am
Arsch der Welt an. So entsteht doch das Liberalultramild
mit Lifestyle und Geschmuse. Es fällt dauernd ein Anwurf
gegen mich in allen Bezirken, weil ich das lügnerische Be-
zirksprinzip nicht annehme, das da heißt: Die Kutte
macht den Derwisch. Ich aber spuck auf die Kutte und
spuck auf den Derwisch. Ich spucke auf brav-brav-Tät-
schel, ich spucke auf ihr Schönfinden von Gosse und Ras-
senrede, ich spucke auf ihre Mildepralinenseele, auf ihr
Au-weh-getan-Hirn. Wer solchen die Hand gibt und
reicht, ist sofort geknebelt, und da kenn ich welche Assimil-Kümmel, die so n Frevel getan. Werden freuderot,
wenn sie n Lob einstecken vom Blondkopp, stoßen an mit
Yuppiestinkern in Pinscherdisco, geben sich die Rübe
mitm Edelknall innem Easyclub, ist ihr Spiel, ihr Ficki-
facki-diggy-Ding, knalln Kopp durch ne Kugel aus easy
Rauch, geht fetter Rauch rein, kommt dünne Grinse raus.
Meister, wir Gören wollen nix mit etabliert und einge-
deutscht, und der Assimil-Kümmel ist der mieseste Trip,
seit es den Kanaken gibt. Der Assimil-Kümmel kann's
nicht lassen und flutscht und glabscht und glibbert. Der
zeigt seinen Flachbrustkumpeln seinen Urlaub auf Dia
und bräst was von »meine Heimat serr gutt!« oder
»Schafskäse serr weisss in Türkiye«, und die Pleiterunde
nickt's ab und denkt: »Ist das n lausiger Ziegenanatolier!«
Mit wem Freund sein, hä? Mit so nem Blondgesocks?
Mitm Liberal, der mich abgrabbelt auf Heimatsprach und
Sprechen-gut-Deutsch? Mit Interkulti und Folk gegen
rechts? Alles will mir denn einreden und mir Schwäche
anhängen und dies scheiß »wo du Kopftuch gelassen?«.
Ich aber, Meister, steh hier, laß sie auflaufen gegen meine
taffe Weibhärte. Ich brüll ihnen zu: Hier bin ich, und los
geht der gute Fight! Wer wird wohl siegen, hä?

Christian Kracht *(geb. 1966) war lange Jahre Redakteur beim Zeitgeist-Magazin* Tempo; *er lebt heute in Asien. Er hat mit seinem Roman* Faserland *den Boom der jüngsten Popliteratur eingeleitet. Der Held, der auf einem Elite-internat war und die illustren Orte der deutschen Party-kultur kennt, irrt darin ziellos durch sein »Fatherland«, von Sylt bis knapp hinter die deutsch-schweizerische Gren-ze. Seine Beobachtungen und Kommentare zu seinen Mit-reisenden sind von Arroganz und Snobismus, bisweilen aber auch von Unsicherheit geprägt.*

21. Faserland

Die Frau von der Lufthansa gibt mir meine Bordkarte und lächelt verschlafen, und dann guckt sie etwas erstaunt, weil ich mir eine Zigarette anzünde, da ich ihr doch gesagt hatte, ich möchte im Nichtraucher sitzen. Sie zieht eine Augenbraue hoch, und in dem Moment sieht sie sehr gut aus, fast schnippisch oder spöttisch. Ich ringe mir so ein verkrampftes Lächeln ab und nehme die Bordkarte und gehe durch die Sicherheitskontrollen, ohne mich nochmal umzudrehen.

Während mir der blöde verschlafene Beamte an den Ta-schen herumnestelt, weil es da gefiept hat und mir dann fast in den Schritt fäßt, denke ich an Nigel und versuche gleich-zeitig, nicht an ihn zu denken. Ich nehme meine Sonnen-brille und die paar Münzen aus der kleinen roten Plastik-wanne, die der Mensch mir hinhält, ohne zu lächeln oder irgendwas, und stecke sie mir wieder in die Taschen.

Dann laufe ich durch diesen Metalldetektor-Rahmen zum Gate, und ich habe wieder dieses Gefühl der Anonymität und des Wichtigseins, obwohl ich genau weiß, daß es nichts Schlimmeres gibt als den Morgenflug von Hamburg nach Frankfurt. Jeder Betriebsratsvorsitzende einer Kugellagerfabrik fliegt heutzutage, die kennen sich alle schon, die Betriebsräte, und sie grüßen sich am Gate mit einem nonchalanten Lächeln und zupfen dabei ihre bunten Krawatten zurecht und ihre senffarbenen Sakkos und erzählen sich dann im Flugzeug von ihrem letzten Phuket-Aufenthalt.

Jedenfalls laufe ich zu dem Rondell, diesem großen Korb mit den Ballistos und den Salamibrötchen, den die Lufthansa neben der Kaffeemaschine aufgestellt hat, weil die Stewardessen zu faul sind, während des Fluges irgend etwas aufzutischen, und hole mir vier Salamibrötchen und sechs Ballistos und zwei Joghurts von Ehrmann und stopfe sie mir in die Taschen meiner Barbourjacke. Plötzlich geht es mir besser.

Ein Betriebsratsvorsitzender, der sich gerade zaghaft ein Salamibrötchen besieht, guckt ganz kritisch, so mit zusammengezogenen Augenbrauen, als ob er das, was ich da mit der Lufthansa-Verpflegung tue, nicht gutheißen kann, und wenn ich ein Ausländer wäre und kein Jackett anhätte, wofür er einen halben Monatslohn hergeben müßte, dann hätte er auch bestimmt etwas gesagt. Und weil er so frech guckt und gar nicht aufhört damit, stopfe ich mir noch zwei Ballistos in die Tasche und noch zwei Joghurts und nehme mir auch noch acht weiße Plastiklöffel. Dann esse ich ganz schnell hintereinander zwei Joghurts auf. Während ich das tue, starre ich dem Mann ins Gesicht, bis er wegguckt, denn konfrontiert werden mag er ja auch nicht, dieses SPD-Schwein. Dann merke ich, daß ich ganz furchtbar niesen muß, und da kommt es auch schon, und ich niese wie ein Wahnsinniger auf das ganze blöde Sortiment der Lufthansa.

Der Mann ist jetzt richtig erbost, und murmelt: So eine Frechheit oder irgend etwas ähnlich Belangloses, und ich starre ihn an und sage ganz leise, aber so, daß er es hört: Halt's Maul, du SPD-Nazi.

Der Mann verschwindet ganz schnell zur Kaffeemaschine, und ich merke, daß es mir viel besser geht. Wirklich bedeutend besser. Ich laufe mit meiner prall gefüllten Barbourjacke zu einem Sitzplatz und muß die ganze Zeit grinsen, und dann setze ich mich und esse ein Ehrmann-

Joghurt mit einem Plastiklöffel, und als ich fertig gegessen habe, zünde ich mir eine Zigarette an und nehme mir eine Süddeutsche, obwohl mich wirklich nichts weniger interessiert als Tageszeitungen.

Über den Rand der Zeitung beobachte ich, wie der Mann von eben mit einer Stewardeß spricht und dann immer zu mir herschaut, und jedesmal, wenn unsere Blicke sich treffen, grinse ich ihn an. Ich hoffe sehr, daß wir im Flugzeug nebeneinander sitzen werden, weil ich dann, und für solche Fälle habe ich ja noch die Joghurts, mich wie ein Irrer betrinken werde und die Joghurts und den Ballisto-Matsch aus meinem Mund dribbeln lassen werde. Ich lächle so in mich hinein, und plötzlich wird mir klar, warum der Nigel immer T-Shirts mit Firmenlogos drauf trägt und warum das so eine Provokation ist, aber dann muß ich an die ganze Sache gestern abend und heute früh denken, und Nigel erscheint mir auf einmal sehr dumm und peinlich, und ich bin froh, daß ich ihm seinen Schlüssel zurückgegeben habe, und ab jetzt werde ich nicht mehr an Nigel denken.

Jetzt rufen sie die Maschine nach Frankfurt aus, die grünen Lämpchen an der Anzeigetafel, die ich schon als Kind sehr bewundert habe, blinken auf, und ich blinke wie damals, wie jedesmal, mit den Augen im Takt mit: Links, rechts, links, rechts. Ich stehe auf, werfe die Zigarette in den Aschenbecher und gehe zum Ausgang. Leider ist der Mann von eben nirgends mehr zu sehen, und ich gehe an der Stewardeß vorbei, die die Bordkarten abreißt, es ist die gleiche, die vorhin mit dem Mann gesprochen hat, und ich lächle sie an, und sie lächelt zurück, und dann wünscht sie mir einen guten Flug.

Dann sitze ich im Bus, der die Passagiere zum Flugzeug bringt, und ich rieche das Flugzeugbenzin und den Mundgeruch der Geschäftsmänner und das Eternity-Parfum der Geschäftsfrauen, und ich sehe mir die Hamburger Flughafengebäude an, klein und gedrungen und funktional, und ich denke an den Flughafen Tempelhof in Berlin, der wirklich wunderbar ist, weil da auf dem Flughafen das Erhabene des Fliegens unterstrichen wird und nicht ausgelöscht, wie hier in Hamburg. Der Bus hält vor dem Flugzeug, das Regensburg heißt oder Passau oder Neumünster oder wie auch immer, und ich steige aus und laufe auf die Flugzeugtreppe zu.

Dieser Moment ist fast das Beste am Fliegen, wenn man aus dem Bus steigt und der Wind den Mantel hochweht und man den Koffer fester mit der Hand umschließt, und an der Treppe steht eine Stewardeß, die ihre Uniform mit einer Hand vor der Brust zusammenhält, und die Düsen jaulen sich schon warm. Das ist so eine Art Übergang von einem Leben ins andere oder eine Mutprobe. Irgend etwas ändert sich im Leben, alles wird für einen kurzen Moment erhabener. Na ja, das denke ich jedenfalls immer, wenn ich fliege, daß es bei mir so wird, meine ich.

Ich sitze im Flugzeug, und neben mir sitzt leider nicht der Mann von vorhin, sondern eine sehr alte Frau, die einen Siegelring trägt und eine Perlenkette, ganz eng um ihren faltigen Hals. Sie trägt die Haare hinten hochgebunden, und jetzt, während das Flugzeug zur Startbahn rollt, knetet sie an ihren Händen herum. Es sind sehr schöne Hände, mit ganz vielen braunen Punkten drauf. Die Frau ist, das sage ich mal so, von Sommersprossen direkt zu Altersflecken übergegangen, und das ist sicher kein so schlechter Übergang. An ihrem schlanken Handgelenk trägt sie eine dünne, flache Cartier-Uhr, deren Armband ihr etwas zu groß ist, und sie schiebt die Armbanduhr immer wieder hoch, wenn sie herunterrutscht. Sie haßt sicher das Fliegen, denke ich. Sie hat sich immer geweigert zu fliegen, und jetzt muß sie es doch tun, weil ihr nicht mehr viel Zeit bleibt.

In Frankfurt wird sie nämlich ihren Anlageberater treffen oder ihren Rechtsanwalt, um dort die Sache mit ihrem Testament zu klären. Das hat sie bislang immer schriftlich gemacht, aber jetzt geht es nicht mehr schriftlich, weil sie mit ihrem Rechtsanwalt zusammen zu einer Bank muß, um dort persönlich ein paar Schriftstücke einzusehen. Das ist so eine Privatbank, innen ganz in Mahagoni und mit roten Samtvorhängen und mit vielen alten abgewetzten Brücken ausgelegt, damit die Angestellten keinen Lärm machen, wenn sie über den Fußboden laufen.

Die Bank gibt es schon seit 1790, und im Krieg wurde sie zerbombt, und deswegen befindet sie sich heute in einem häßlichen Neubau im Frankfurter Westend, aber von innen sieht man nicht, daß es ein Neubau ist, höchstens an den niedrigen Decken.

Und während ich so da sitze und das Gesicht der Frau von der Seite ansehe und überlege, wie die alte Frau wohl riechen mag, weil sie sicher nicht schlecht riecht, nicht wie viele alte Menschen, die keine Lust mehr haben, sich zu waschen, weil ihnen die Lust am Waschen, das Sich Sauber machen für irgend jemand und besonders für sich selbst irgendwann mal vergangen ist, da muß ich plötzlich an Isabella Rossellini denken, und wie jedesmal, wenn ich an Isabella denke, läuft mir so ein kleiner Schauer den Rücken herunter.

Isabella Rossellini ist die schönste Frau der Welt. Das klingt so platt, aber es ist doch wahr. Das ist sogar tausendprozentig wahr. Und das schönste an ihr ist die Nase. Die kann man gar nicht beschreiben, selbst wenn man wollte. Ich jedenfalls möchte mit Isabella Rossellini Kinder haben, richtige kleine Schönheiten, mit einer Schleife im Haar, egal ob sie Mädchen oder Jungen wären, und allen Kindern, die wir zusammen hätten, müßte vorne ein kleines Stückchen des Schneidezahns fehlen, genau wie bei ihrer Mutter.

Wir würden alle zusammen auf einer Insel wohnen, aber nicht auf einer Südseeinsel oder so ein Dreck, sondern auf den Äußeren Hebriden oder auf den Kerguelen, jedenfalls auf so einer Insel, wo es ständig windet und stürmt und wo man im Winter gar nicht vor die Tür gehen kann, weil es so kalt ist. Isabella und die Kinder und ich würden dann zu Hause sitzen, und wir würden alle Fischerpullover tragen und Anoraks, weil ja auch die Heizung nicht richtig funktionieren würde, und wir würden zusammen Bücher lesen, und ab und zu würden Isabella und ich uns ansehen und dann lächeln.

Und nachts würden wir beide im Bett liegen, die Kinder im Nebenzimmer, und wir würden auf ihr gleichmäßiges Atmen hören, leicht gedämpft, weil die Kinder immer einen Schnupfen haben, wegen dem Wetter, und dann würde ich mit meinen Händen Isas Beine anfassen und ihren Bauch und ihre Nase. Ich habe schon viele Filme gesehen, da war Isabella nackt, und Nigel hat zum Beispiel immer gesagt, sie hätte einen erschreckend häßlichen Körper, aber ihr Körper ist nicht häßlich, sondern nur nicht perfekt, und sie weiß das, und deswegen liebe ich sie.

Während mir das alles wieder mal durch den Kopf geht, hebt das Flugzeug ab, und die alte Frau neben mir schließt die Augen und umklammert mit ihren schönen Händen die Armlehnen, so fest, daß ihre Venen hervortreten und ihre Knöchel ganz weiß werden. Das Nichtraucherzeichen erlischt, und ich zünde mir eine Zigarette an, obwohl ich ja im Nichtraucher sitze, aber das mache ich immer, weil es eigentlich der einzige Ort ist, wo Menschen noch auf ihr Recht pochen, im Nichtraucher im Flugzeug, meine ich. Und so hat man immer die Gelegenheit, den blöden Nichtrauchern ein kräftiges Faschist! entgegenzurufen, wenn sie einen auffordern, die Zigarette auszumachen, weil man ja schließlich im Nichtraucher sitzt.

Also, ich rauche meine Zigarette, die mir gar nicht gut schmeckt, und ich merke, daß ich eigentlich hundemüde sein müßte, weil ich ja diese Nacht noch nicht geschlafen habe, aber komischerweise fühle ich mich überhaupt nicht müde, sondern völlig wach, so als ob ich die Müdigkeit schon überwunden hätte, und ich drücke den Service-Knopf, und als die Stewardeß kommt, bestelle ich einen Kaffee und einen Bourbon, obwohl es erst acht Uhr morgens ist.

Ich denke weiter an Isabella Rossellini, eigentlich lasse ich meine Gedanken über Isabella gleiten, wenn man das so sagen kann. Ich meine, ich berühre sie nicht, ich denke auch nicht direkt an sie, sondern lasse sie am Rand meiner Gedanken auftauchen, ohne ihr näherzutreten oder mit ihr zu sprechen, ohne sie anzusehen.

Der Kaffee und der Bourbon kommt, und ich rauche eine zweite Zigarette, und komischerweise beschwert sich niemand darüber, und ich beobachte, wie die alte Frau lustlos die Bunte durchblättert und sich dann aus ihrer Tasche ein Buch holt und es bei einem Lesezeichen aufschlägt, das sie in der Mitte des Buches eingelegt hat. Es ist ein Buch von Ernst Jünger, eine ziemlich alte Ausgabe, das sehe ich sofort, obwohl ich nicht viel lese und Ernst Jünger schon gar nicht.

Nigel hat mir nämlich mal erzählt, Ernst Jünger wäre so ein Kriegsverherrlicher, und seine Prosa, das hat jetzt Nigel gesagt, würde sich so lesen wie die von Hermann Hesse. Hesse mußte ich in der Schule lesen, *Unterm Rad* und *Demian* und *Peter Camenzind* und so entsetzlich langweilige und schlecht geschriebene Sachen, und den habe ich damals schon nicht gemocht. Auf jeden Fall soll Ernst Jünger ein halber Nazi gewesen sein, und Nigel hat erzählt, der würde noch leben, irgendwo am Bodensee, aber wo genau, das habe ich vergessen.

Während mir so Sachen aus dem Deutschunterricht durch den Kopf gehen und ich den Kaffee und den Bourbon im Bauch habe und mir deswegen ganz warm wird und ich fast ein wenig einnicke, obwohl ich, wie gesagt, überhaupt nicht müde bin, da merke ich, wie mein Hintern ganz feucht wird, so als ob ich mir in die Hose gemacht hätte. Ich taste sie langsam ab, langsam, damit die alte Frau nichts merkt, aber die liest weiter in ihrem Ernst-Jünger-Buch, und tatsächlich, mein ganzer Hosenboden ist naß und klebrig. Ich werde rot, merke aber im selben Moment, daß die Nässe von den Ehrmann-Joghurts kommt, die mir in der Tasche ausgelaufen sind.

Das ist mir natürlich furchtbar peinlich, und mir wird ganz schummrig, und das liegt sicher auch an dem Bourbon. Auf jeden Fall muß ich jetzt mit meiner verschmierten Hose über die alte Frau hinübersteigen, oder ich muß sie bitten, mich mal auf die Toilette gehen zu lassen, und dann wird sie aufstehen, um mir Platz zu machen, und den ganzen Schweinkram sehen und denken, ich sei ein völliges Ferkel und ein Arschloch. Wenn sie das nicht jetzt schon denkt. Also bleibe ich lieber sitzen, während der Joghurt auf den Sitz läuft und alles anfängt, ziemlich stark nach Pfirsich zu riechen. Ich hab mir ja vorhin extra zwei Pfirsich-Joghurts eingesteckt, weil ich die am liebsten mag.

Ich zünde mir noch eine Zigarette an und sehe aus dem Fenster. Im Augenwinkel habe ich die alte Frau, aber sie merkt nichts, oder sie läßt sich nichts anmerken. Draußen scheint die Sonne, und unter uns zieht Deutschland vorbei. Es gibt ein paar Wolken, trotzdem blendet mich die Sicht. Alles ist so hell, und ich würde gerne meine Sonnenbrille aufsetzen, aber die ist in der Tasche der Barbourjacke zusammen mit dem Pfirsichjoghurtmatsch, und die kann ich nicht rausholen und saubermachen, wie gesagt.

Der Landeanflug beginnt, und das Flugzeug taucht so weg und fliegt eine riesengroße Schleife. Ich trinke den Bourbon aus und stecke den Plastikbecher in das kleine Netz, das am Sitz vor mir befestigt ist, wo immer dieses Lufthansa-Bordbuch drin steckt. Das ist so ein Magazin, damit die Leute was zum Blättern haben, und auf langen Flügen können sie hinten auf den Landkarten, die es auch in diesem Magazin gibt, gucken, ob sie gerade über Regensburg oder über Offenbach fliegen. Das Heft ist nicht nur vollkommen überflüssig, sondern auch gnadenlos schlecht gemacht. Da stehen immer so Artikel über Uhrmachermeister aus Bayern drin oder über den letzten Kürschner in der Lüneburger Heide. Und das Ganze wird dann erbärmlich schlecht ins Englische übersetzt, und so stellt dann die Lufthansa der Welt Deutschland vor.

Das Flugzeug kreist weiter über Frankfurt, taucht immer mal wieder durch die Wolken, dann glitzert das Sonnenlicht plötzlich auf den Flügeln, und ich sehe aus dem Fenster und muß daran denken, daß mich Landeanflüge immer an die großartige Anfangsszene aus *Triumph des Willens* erinnern, wo der blöde Führer in Nürnberg oder sonstwo landet, jedenfalls kommt er so von oben herab zum Volk. Ich meine, das ist ja ganz gut gemacht, so, als ob er von Gott heruntergesandt wird nach Deutschland, um da mal aufzuräumen. Die Deutschen haben das sicher geglaubt, damals, so schlau ist das gemacht.

Den Film haben sie uns mal in der Schule gezeigt, zusammen mit *Panzerkreuzer Potemkin*, damit wir sehen, wie man durch Film fein manipulieren kann. Wobei die Lehrer immer gesagt haben, Eisenstein[12] wäre ein Genie und Riefenstahl[13] eine Verbrecherin, weil die Riefenstahl sich hat einspannen lassen von der Ideologie und der Eisenstein nicht. Das fand ich aber nicht. Später habe ich dann noch einen Film gesehen, der so anfängt, mit einem Flugzeug, meine ich, und das war *Der Himmel über Berlin*, und da habe ich mich immer gefragt, ob dieser schrecklich peinliche Wim Wenders[14] sich das bei Riefenstahl abgeguckt hat, oder ob er das irgendwie ironisch meinte.

Ich habe ihn mal getroffen, in der Paris-Bar in Berlin, zusammen mit so einem komischen Maler, dessen Namen ich vergessen habe, der aber immer nackte Männer unter der Dusche malt, die sich angrabbeln, jedenfalls habe ich ihn, Wenders, gefragt, ob er den Anfang seines Films so meinte wie in *Triumph des Willens*, und er hat nur geglotzt aus seiner blöden roten Werber-Brille und nichts mehr gesagt und sicher gedacht, ich wäre ein kleines

12 Sergej M. Eisenstein (1898–1948), bedeutender sowjetischer Filmregisseur (»Panzerkreuzer Potemkin«, »Iwan der Schreckliche«).
13 Leni (Helene) Riefenstahl (geb. 1902), drehte im Auftrag der Nationalsozialisten Propagandafilme (u. a. »Triumph des Willens«, die Olympiafilme »Fest der Völker« und »Fest der Schönheit«).
14 Wim (Wilhelm) Wenders (geb. 1945), deutscher Filmregisseur (»Der Himmel über Berlin«).

Arschloch, das sich wichtig machen will mit Kulturfragen an ihn. Dabei hat mich das wirklich interessiert, weil ich diese Sache ja auch von der Schule her kannte, diese Problematik, meine ich.

Ja und jetzt, wenn ich so dran denke, fällt mir ein, daß der Alexander auch dabei war, das ist ein Freund von mir aus Frankfurt, der zeitweilig mal in Berlin gewohnt hat. Mit dem habe ich mich nachher, als wir die Paris-Bar verlassen haben und auf der Straße standen, richtig gestritten, weil der meinte, daß man so Typen wie Wenders überhaupt nichts fragen sollte, nicht mal auf die eingehen sollte man, am besten völlig ignorieren, weil solche wie Wim Wenders eh nur große Arschsäcke seien.

Ich hab damals gesagt, nein, man müsse die doch was fragen dürfen, besonders weil die ja die Möglichkeit hätten, viele Menschen mit ihren Filmen zu erreichen. Da hat Alexander gesagt, ich wäre ein blöder Hippie, der glaubt, er könne Sachen verändern durch Diskussionen. Da hab ich gesagt, er solle das Maul halten, und dann haben wir uns gestritten, und dann sind wir zum Bahnhof Zoo gegangen, Junkies gucken, aber es war irgendwie nicht mehr so wie früher. Irgendwas war kaputtgegangen durch diesen Streit. Vielleicht war es gar nicht das genau, aber ich kann mich nicht mehr erinnern, warum wir uns dann nicht mehr gesehen haben. Es fällt mir aber sicher noch ein.

Alexander und ich waren in Salem zusammen auf einem Zimmer, und wir haben immer getrunken wie die Löcher, selbst zur Abiturprüfung sind wir betrunken erschienen. Der Alexander hat immer rumkrakeelt, bei jeder Gelegenheit. Der war, ich sage das mal so, damit man ihn unvoreingenommen versteht, der größte Hasser aller Zeiten. Komischerweise hat das immer sehr auf Frauen gewirkt, diese vollkommene Anti-Haltung, und Alexander hätte zu jeder Tages- und Nachtzeit mit einer Holzlatte um sich schlagen können und mit einem Schlag fünf bis sechs Mädchen erledigen können, so waren die hinter ihm her.

Außerdem war er noch gut angezogen. Er ist es sicher immer noch, obwohl ich ihn jetzt aus den Augen verloren habe, wegen dem Streit damals.

Also, ich sitze da so im Flugzeug, im Landeanflug auf Frankfurt, und komme in Gedanken von Isabella Rossellini zu Leni Riefenstahl und dann eben auf Alexander, und ich merke, daß der Landeanflug wirklich verdammt lange dauert, und außerdem habe ich ja inzwischen eine völlig durchnäßte Hose von den Ehrmann-Joghurts. Ich habe so ein Gefühl, als ob ich deswegen nach Frankfurt fliege, so in die Mitte von Deutschland rein, als ob ich gar nicht anders kann. Das passiert alles so, als ob es gar nicht zu verhindern wäre, obwohl ich mich ja weiß Gott treiben lasse und nun wirklich nicht nach Frankfurt hätte fliegen müssen, sondern genausogut hätte nach Berlin fliegen können oder nach Nizza oder nach London.
Ich zünde mir noch eine Zigarette an, obwohl das Nichtraucherzeichen schon seit einiger Zeit leuchtet, und jetzt kommt wirklich jemand, um mir zu sagen, ich soll die Zigarette ausmachen. Es ist aber nur die Stewardeß, und es ist ja ihr Job, mir das zu sagen, dafür kann sie ja nichts, deswegen stecke ich sofort meine Zigarette in das kleine Metallbehältnis in meiner Armlehne und entschuldige mich und lächle die Stewardeß an, auch die alte Frau im Nebensitz bekommt ein Lächeln von mir, allerdings nur in Gedanken, weil ich mich nicht traue, sie in Wirklichkeit anzulächeln.
Die Frau macht jedenfalls gerade Notizen in einen Notizblock von Tiffany aus rotem Wildleder, und ich lehne mich leicht herüber, um zu sehen, was sie so schreibt, aber ich kann nur Zahlen erkennen, ziemlich hohe, und davor schreibt sie verschiedene Namen in Klammern: Gideon und Onkel Walter und Aaron und Gregor, und hinter Gregor schreibt sie ein kleines Fragezeichen.
In diesem Moment merkt sie, daß ich ihr zusehe, und ich drehe mich weg, und das Flugzeug setzt ziemlich heftig in

Frankfurt auf, erst das eine Rad und dann das andere. Hinter mir auf den Rauchersitzen wird gemurmelt, und dann wird ziemlich heftig geklatscht, so als ironischer Kommentar, daß wir zu lange in der Warteschleife in der Luft gesessen haben. Ich denke an die Hände der Geschäftsleute und an die der Betriebsräte, wie sie aufeinanderprallen beim Klatschen, die fetten Wursthände, die ganz rosa werden vom vielen Klatschen, und ich wünsche ihnen, mitsamt ihren Swatch-Understatement-Uhren, die sie auf dem Rückflug von Pattaya im Dutyfree in Bangkok gekauft haben, den Tod.

Stefanie Flamm *(geb. 1970). Der Aufsatz über ihre Generation erschien zuerst im* Kursbuch *121 (1995).*

22. Lifestyle ist alles, was uns bleibt

Als Ulrich Greiner die gesammelten Kritiken zu Botho Strauß' *Wohnen Dämmern Lügen* durchsah, dachte er sich, so selbstgefällig, so unengagiert, das sind nicht die Meinen, das müssen die 89er sein. Damit wurden wir ex negativo geschaffen, als identitätsstiftender Kontrapunkt zu den ja bekanntlich sehr engagierten, gegen Macht, Staat und Rechts sich einsetzenden 68ern. Folglich sind wir selbstherrlich, unpolitisch und karriereorientiert: postmodern eben. Der Herbst '89, der den 68er-Ideen den Todesstoß versetzte, soll nun unser prägendes Erlebnis gewesen sein. Aber ihr meßt uns an euren Idealen, nicht an eurer linksliberalen Weicheierei, denn dann würdet ihr merken, daß unsere Praxis die eure ist.
In den frühen Achtzigern habt ihr sie nicht bemerkt, die Scharen adrett gekleideter junger Menschen mit schlechtem Geschmack, die mit ihren Bundfaltenhosen, Lederkrawatten, hellgelben Pullis, Aktenkoffern und einem fast manisch zu nennenden »Man-muß-doch-auch-mal-

das-Positive-sehen« euren Weltverbesserungsplänen eine Absage erteilten und sich unterdessen anschickten, die Meinungsführerschaft in (West-)Deutschlands Klassenzimmern zu erreichen. Heute sind sie hinter den Spiegelfassaden der Banken und Versicherungshäuser verschwunden und können folglich den Generationendiskurs nicht mehr bestimmen. Vielen von uns, die damals noch resistent waren, geht es heute nicht anders. Aber wir wollen nur das, was ihr 68er längst habt: unseren Platz in der Gesellschaft, die wir sowieso nicht verändern können. Wir sind genauso verzweifelt wie ihr und können doch nicht anders. Ein Generationenkonflikt ist das nicht.

Um die Jahrhundertwende, als die Frauen sich noch fast ausschließlich und mit aller Leidenschaft auf die Ehe vorbereiteten, legten sich junge Männer schwarze Gehröcke und einen gemächlichen Gang zu, fraßen sich ein Bäuchlein an, trugen mächtige Backenbärte und setzten goldene Brillen auf, um bei den Alten Eindruck zu schinden. Wollt ihr etwa, daß wir mit euren alten Turnschuhen, speckigen Parkas, selbstgestrickten Pullis, indischen Gewändern und fettigen Haaren gegen die freiheitlich-demokratische Grundordnung in den Kampf ziehen, auf die ihr selbst euch heute mit demokratischem Pathos und Verfassungspatriotismus beruft? Keine Angst. Wir gehen wählen, trennen Müll, kaufen Kaffee aus Nicaragua, sind erzürnt über die Abschaffung des Asylrechts. Mehr aber auch nicht. Wofür soll man sich einsetzen, wenn jeder Reformansatz sofort affirmativ aufgegriffen wird? Irgendwann wird auch das letzte Reformpotential der Grünen erschöpft sein, steckengeblieben im Matsch der Institutionen, wie so vieles vorher. Was einer Generation jenseits aller Utopien bleibt, ist Lifestyle.

Die einen scheren sich eine Glatze und jagen Metall durch Oberlippen, Nasenflügel und Augenbrauen, um zu zeigen, wer sie sind. Die anderen versuchen es mit Gouvernantenkleidern und Hüten aus der Jahrhundertwende, silbernen BHs zu Trainingshosen, feuerroten Rattenschwänzen, grasgrünen Plateauschuhen oder Lederjacken aus dem Altkleiderbestand des Roten Kreuzes. Tausend kleine Ich-bin-Ichs, die dem Zwang zur Individualisierung erliegen und sich gleichzeitig uniformieren. Denn jedes Outfit setzt Zeichen, suggeriert irgendeine Form von Gruppenzugehörigkeit. Daraus entstehen die Klischees, an denen man sich orientiert und die doch nie stimmen. Letztlich ist alles nur eine Geschmacksfrage.

Doch das ist noch nicht lange so. Eine Pubertät in den frühen Achtzigern hinterläßt ihre Spuren: Ostermärsche, Anti-Atomkraft-Bewegung, sozialistische Alternative, ihr Nachbeben hat uns noch erreicht. Zumindest kannten wir jemanden, der in Brokdorf mit Steinen nach den Bullen geworfen hatte. Papa versuchten wir zu überreden, den Volkszählungsbogen nicht auszufüllen, ohne Erfolg, versteht sich. Als die Grünen im Bundestag strickend die Republik in Aufregung versetzten, strickten wir im Deutschunterricht, lasen *Die Unfähigkeit zu trauern* und bewältigten Vergangenheit. Heute trägt wirklich kaum mehr jemand Selbstgestricktes, außer vielleicht ein paar spießige Sozialdemokraten und verklemmte Wertkonservative. In lila gefärbten Bundeswehrunterhemden beklebten wir heimlich Plakatwände mit unserem Beitrag zur Weltverbesserung: Kauft kein Obst aus Südafrika! Jetzt lächeln wir über die Peace-Zeichen auf dem alten Federmäppchen und das Palästinensertuch, das nur noch aus Pietätsgründen am Kleiderhaken hängt. Die Apartheid gibt es zumindest auf dem Papier nicht mehr, und der palästinensisch-israelische Konflikt ist sowieso Gegenstand der öffentlichen Diskussion. Was sollen wir da sagen?

In manch einer Kleiderkiste findet sich wohl noch das alte Che-Guevara-T-Shirt irgendwo zwischen ehrlich verwaschenen Jeans und den schwarzen Rollis aus der pseudoexistentialistischen Phase. Lange diente es als Unterhemd, bis es dann völlig in der Versenkung verschwand. Und eigentlich hat niemand etwas dagegen, daß Robert Altman das Gesicht des Helden von einst in *Prêt-à-Porter* seinem

Anarcho-Designer wieder aufs Hemd druckte. Idole werden nicht vom Sockel gestürzt, sondern im Wachsfigurenkabinett der Erinnerung neutralisiert, kommerzialisiert.

Wir waren zu jung, als daß diese Zeit uns nachhaltig hätte prägen können, und konnten sie schnell begraben. Wir trauern dem Glauben an Ziele nicht nach, die sich nicht haben verwirklichen lassen. Und die Nostalgiker der Friedensbewegung haben wir auch durchschaut: sie sehnen sich nach der Bewegung, nicht nach Frieden.

Wir suchen Zuflucht in abbruchreifen Altbauten, nicht aus Protest gegen Miethaie und Baulöwen, sondern weil uns der Charme von abblätterndem Putz fasziniert. Wir lieben hohe Stuckdecken und alte Holzfußböden, auch wenn diese Wohnungen prinzipiell nicht zu heizen sind. Hier sind wir sicher vor dem Einbruch der protzigen Postmoderne mit ihren Erkerchen und Winkeln, die an jedem größeren Platz der Republik ein Exempel für die allgemeine Einfallslosigkeit der selbstbewußten Nation statuiert. Schön sind die alten gelben Telefonhäuschen, in denen man diese lästigen Karten noch nicht braucht. Und was sind schon zeitgemäße Einkaufspassagen in penetrantem Pastell gegen eine Tankstelle aus den fünfziger Jahren? Unsere Nostalgien sind rein ästhetischer Natur. Niemand, der über der Badewanne ein großes Poster mit dem Bruderkuß von Erich Honecker und Leonid Breschnew hängen hat, will zurück in die FDJ.

Nur in kleinen Dosen ertragen wir die gemütliche Toscana-Landwein-Kultur. Verdrossen über das super teure und immer gleiche politisch korrekte Einerlei der Bioläden essen wir Tiefkühl-Fischstäbchen, Spaghetti mit Ketch-up oder Schokoküsse (wer Negerküsse sagt, ist unten durch), obwohl jeder weiß, daß ein Großeinkauf im Supermarkt den Einzelhandel schädigt. Den kurdisch-türkischen Gemüsehändler um die Ecke unterstützen wir natürlich, in erster Linie aber, weil das Ambiente so nett ist. Als jüngst eine Fachschafts-Ini ihre Plakate für die Wahlen zum Studentenparlament mit Sesamstraßenmotiven verzierte, wurde es sogar der Professorriege zu bunt. Unpolitische Spinner oder Totalverweigerer? Pippi-Langstrumpf-Anarchismus? Die Stars der Berliner Hausbesetzer-Punk-Rock-Szene nennen sich »Bertz Rache«.

Wohngemeinschaften sind keine Kommunen mehr, kein Mikrokosmos einer besseren Welt, sondern Zweckgemeinschaften. Getrennte Haushaltskassen sind die Regel. Zu viel Miteinander und Rücksichtnahme beeinträchtigt die persönliche Freiheit, zu lange Diskussionen am Küchentisch stehlen Zeit für Wichtigeres. Das gute alte Hochbett, einst Kennzeichen jeder zweiten Studentenbude, hat ausgedient. An ihm haftet der Ludergeruch einer anderen Zeit, es erinnert an Batikbettwäsche, Räucherkerzen, Früchtetee und Haferflockenpresse. Müsli essen macht die Welt nicht gerechter.

Wir wollen Individuen sein. Alles, was wir in unsere Wohnung stellen, muß einen persönlichen Stempel tragen. Deshalb gehen wir immer noch gerne zum Trödler und auf den Flohmarkt. Dort gibt es ja selten etwas doppelt. Wir mögen Sachlichkeit, karge Wände, keine überflüssigen Möbel. Die Zeiten sind vorbei, wo man seine Wände mit Agit-Prop bemalte oder die Mitbringsel von sämtlichen Asien- und Südamerika-Trips ausstellte. Trotzdem lieben wir Schnickschnack: eine Plastikleuchtgans am Bett, fette Putten oder Gartenzwerge auf dem Bücherregal, Eierbecher aus DDR-Zeiten, ein Nierentischchen oder rote Plastiksessel. Hauptsache, das hat nicht jeder, und das ist schon alles, was wir damit unter Beweis stellen wollen: individuell-undogmatische Ästhetik.

Funktionalität ist erlaubt, aber abgeschabt muß sie sein. Perfektion riecht nach Eigenheim, Einbauküche und Haustürschild aus Messing mit eingraviertem Namen. Computer, Telefon und vielleicht sogar Fernseher aber brauchen wir dringend. Gewandt kommunizieren wir im Internet, schicken E-Mails rund um die Welt und erliegen der Faszination der perfekten Illusion eines Jurassic Parc. Doch unser Herz schlägt für *Raumpatrouille*, die dilettantische deutsche Version von *Raumschiff Enterprise*. Hier wird keine totale Perfektion erreicht, alles ist, wohl unbeabsichtigt, noch nachvollziehbar. Man ist gerührt wie beim Anblick eines Dampfradios oder eines mechanischen Handmixgerätes, sehnt sich heimlich nach den Zeiten, als ein einziger falscher Befehl noch nicht ein Tagespensum am Computer unwiederbringlich verschwinden lassen konnte. Das Tolle an den alten ABBA-Platten ist, daß man noch keinen CD-Player brauchte. »Als Willy Brandt Bundeskanzler war ...«, trällert Funny van Dannen, und wir verstehen ihn. Ruf nach Ganzheitlichkeit? Im Gegenteil, alles Esoterische lehnen wir entschieden ab. Wir haben uns damit abgefunden, unsere Mitte nicht zu finden, und stehen dazu. Denn wir haben uns mit sehr vielem abgefunden, und dann auch wieder nicht.

Ärgerlich sind diese zukünftigen Gattinnen, die schon Mitte zwanzig in gediegenen Jackenkleidern aussehen, als wollten sie die Errungenschaften der Frauenbewegung mit Perlenketten strangulieren und in ihrem Handtäschchen zu Grabe tragen. Das geht zu weit. Aber sie sind nicht generationsspezifisch, es hat sie immer gegeben, nur werden sie leider ständig mehr. Die meisten von uns sind mehr oder weniger Lippenstift-Emanzen, die es leid sind, bei jeder Gelegenheit einen theoretischen Disput über Tripel-Oppression[15] anzuzetteln. Wir versuchen, uns in der Männergesellschaft zu nehmen, was wir kriegen können. Manchmal ist das schwierig. Eins aber haben die Girlies in ihren postfeministischen kindlich-erotischen Mädchenkleidern mit Sicherheit gebracht. Frech können sie den Mackern wie den verbiesterten Veteraninnen der Frauenbewegung entgegenschreien: Ein kurzer Rock ist keine Einladung, mich zu vergewaltigen. Nicht jeder Mann ist ein potentieller Täter, unangenehm sind nur diese Jungmänner, die in Anzug und frisch gebügeltem Streifenhemd durch die Mensa flanieren, als gingen sie zu einer Auf-

---

15 Sexismus. Faschismus, Rassismus als Unterdrückungsmomente.

sichtsratssitzung. Sie verkörpern die besserwissenden alt-
klugen Nachkömmlinge des Patriarchats und sehen, ob
mit oder ohne Krawatte, sehr seriös aus. Aber noch fehlt
etwas zu der asketisch-dynamischen Gestalt eines Edzard
Reuter oder der pummeligen Gediegenheit eines Frank
Schirrmacher. Doch sie arbeiten hart und wissen im Gegensatz zu uns ganz genau wofür. In ihren Blicken liegt
stets ein herablassendes »Kind-was-soll-aus-dir-nur-mal-
werden«, das wir am elterlichen Mittagstisch oft genug gehört haben.
Aber sie verstehen uns falsch. Etwas werden wollen wir
alle, und weil sich Leistung wieder lohnt, wird geleistet.
Ein abgerissenes Outfit ist insofern Selbstbetrug, Marken-
zeichen einer nicht vorhandenen Opposition. Das gilt für
die rasta-gelockte Hausbesetzerin, die bei 27 Grad im
Schatten in bis zu den Waden geschnürten Doc Martens
und klassisch-autonomem schwarzen Kapuzenshirt in
dem Spätkaufladen am Prenzlauer Berg bedient und ne-
benher Autos nach Afrika verschiebt, wie für den ange-
henden Modephilosophen, dessen halblanges Haar weich
auf die Schulterklappen seines immer offen wallenden
Mantels fällt. Natürlich gibt es unterschiedliche Interes-
sen, einen unterschiedlichen Way of life. Daran klammern
wir uns. Entweder man steigt prinzipiell nicht in die Tech-
no-Gruft, oder man findet alles andere gestrig. Entweder
man mag Subkultur und improvisierte Hinterhofkneipen,
in denen niemand auf die Idee käme, sein Bier aus dem
Glas zu trinken, und die Musik oft so laut ist, daß man
sein eigenes Wort nicht versteht, oder man unterhält sich
gepflegt in einem dieser perfekten Cafés mit orange-
getünchten Wänden und ausgesucht freundlicher Bedie-
nung.
Aber weil wir ja nicht mehr dogmatisch sind, schauen wir
doch gerne mal bei den anderen vorbei. Und wenn es
dann noch gelingt, den Männern von der Müllabfuhr eine
ihrer chiquen Signaljacken abzuschwatzen, fällt niemand
im »Tresor« mehr übel auf. Mit der Wollmütze von dem

letzten großen Rave und einem verschlissenen Cordjackett liegt man dann auch in Hausbesetzerläden immer richtig. Etwas nervig ist zwar deren verzweifeltes Bemühen um totale Politisierung des Alltags, aber dafür kostet das Bier ja auch nur 2,50.

Kriegen wir überhaupt noch mit, was um uns vorgeht? Als H.-D. Genscher 1989 (!) verlauten ließ, »nichts wird wieder werden, wie es einmal war«, lachten wir über so viel sibyllinischen Tiefsinn. Dann kamen Rostock, Mölln und Solingen. Warum fällt uns nichts Besseres ein, als an diesen scheinheiligen Lichterprozessionen durch die Fußgängerzone teilzunehmen, die nur der Bundesregierung helfen, ihr Image im Ausland zu retten? Alles, was wir sagen könnten, ist von offizieller Seite immer schon gesagt. Politiker fordern uns auf, zum Rock-gegen-Rechts-Konzert zu gehen, und es herrscht kollektive Betroffenheit. Also heften wir still den »destroy fascism«-Button ans Revers, als zeitgeistiges Symbol unserer Sprachlosigkeit.

Aber wir sind nicht angepaßt. Man paßt sich an uns an, um uns zu vereinnahmen. So wird alles, was einst Protest oder zumindest Abgrenzung signalisierte, mit einem offiziellen Stempel versehen zur Mode. Techno, bis vor kurzem noch als die dumpfeste Entartungserscheinung jeglicher Kultur geschmäht oder als krasseste Verweigerung der überkommenen demokratischen Diskursformen beargwöhnt, trifft heute auf Zuspruch in jedem guten Feuilleton. Und schließlich wird die Love-Parade, der einzige Tag im Jahr, an dem die Berliner Techno-Fans aus ihren Bunkern kriechen und den Kurfürstendamm beschallen, als politische Demonstration im Sinne des Artikels 8 GG, genehmigt. Anstatt dem Protest der Geschäftsleute nachzugeben, die wenig Verständnis für das allen Konventionen widersprechende Lebensgefühl dieser jungen Menschen bekunden, hielt der Senat es für opportun, die Krachparty als »Signal positiver Lebensfreude aus Berlin« zu vermarkten. Nächstens findet sie sich wahrscheinlich unter der Rubrik »Spaß & Freizeit« in jedem Reiseprospekt. Spätestens dann müssen wir uns etwas Neues einfallen lassen, damit »Jugend« nicht gänzlich zu einem Synonym für Altersunterschied verkommt. Wir, deren Aufstand gegen die Väter und Mütter ohnehin nur noch metaphorisch ist.

Alexa Hennig von Lange *(geb. 1973) gehört zu den erfolgreichsten Popliteraten der 90er-Jahre. Sie hat nebenbei auch Drehbücher u. a. für die Serie* Gute Zeiten, schlechte Zeiten *geschrieben und die Kindersendung* Bim Bam Bino *moderiert.*

23. *Relax*

»Darf ich mal dein Ohr küssen?«
»Was?«
»Ob ich dein Ohr küssen darf?« Ich richte mich auf, stütze mich mit den Oberschenkeln am Hocker ab, mein Po hebt sich, der rechte Unterschenkel schiebt sich darunter, meine Hände auf der Bar, die Arme durchgestreckt, mein Hals grade, mein Kinn vor, meine Lippen an seinem Ohr. Mein Atem strömt in seinen Kopf, meine Zähne drücken in fremdes Fleisch, meine Zunge in der Öffnung. Chris. Sein Kopf dreht sich mir zu, ganz nah, seine Lippen auf Vampirellas Wange. Ihr Mund öffnet sich, vorbei an seiner Wange. Ihre Lippen treffen sich vorsichtig und entfernen sich wieder, die Münder sind offen, die Augen geschlossen. Barb hängt in der Ecke und guckt mich fragend an. Ich gucke zurück und zucke mit den Schultern. Vampirellas Mund trifft seinen Mund, trockene Lippen, kurze Berührung, ein kleiner Stoß, dann wieder Distanz. Vampirellas Gesicht kommt seinem entgegen. Vampirella ist scharf. Eigentlich kann sie sich nicht mehr halten. Die offenen Lippen pressen sich aufeinander, ein kurzer Zungenschlag, Distanz. Vampirellas Kopf neigt sich, sie richtet sich neu

auf, sucht Halt mit den Beinen, nimmt die Hände von der Bar, hebt die Arme, greift mit ihren Fingern um seinen Kopf, spielt mit den Locken. Sie sind weich, sie fühlt seinen Kopf. Ihre Zunge trifft seine, umkreist sie, stößt sie, streichelt sie und drängt sie zur Seite. Vampirellas Zunge kämpft einen warmen und süßen Kampf. Barb stößt sich von der Wand ab und schüttelt den Kopf. Ich nehme einen Schluck Piña Colada. Chris. Wo ist mein kleiner Chris, mein liebster kleiner Chris? Ich möchte ihn jetzt in den Arm nehmen, seine Haut fühlen, sein Gesicht an meinem. Ich möchte in Chris hineinkriechen, sein Herz schlagen hören. Mein kleiner Chris. Meine Hände fallen runter, schlagen auf der Thekenkante auf, mein Mund reibt über eine fremde Schulter und reibt sich trocken. Mein Unterschenkel befreit sich wieder, ich sitze auf dem Hocker und bin traurig.

»Ich komm gleich wieder!«

»Versprochen?«

»Ja, klar!«

Barb steht in der Ecke und sieht mir zu, wie ich mich zu ihr durchquäle. Die Leute stehen im Weg rum, und irgendwie sind das doch alles Idioten hier. Die Alte grinst blöde und macht wieder diese beschissenen Top-Zeichen.

»Alte, laß uns abhaun!«

»Alte, du bist ja abgegangen! Küßt der wenigstens gut?«

»Ja, kannste nich meckern! Laß uns abhaun!«

»Wohin willste denn?«

»Innen Tempel!«

»Jetzt? Was willstn da?«

»Ich will zu Chris!«

»Du brennst doch, Alte. Knutschst hier mit nem Typen rum und zwei Sekunden später willste zu Chris innen Tempel!«

»Is eben so!«

Kann ich Barb jetzt auch nicht erklären. Das ist einfach so. Ich meine, als ich diesen Typen da grade abgeknutscht habe, habe ich die ganze Zeit an Chris gedacht. Mann, wie ich den vermisse. Ich meine, ich will jetzt echt gern zu Chris und ihm sagen, daß ich ihn liebhabe. Ich meine, Chris ist einfach der Größte in meinem Leben. Das ist einfach so. Da ist irgendwie so eine innere Verbindung. Mein Matrose. Chris. Mein Löwe. Chris. Mein Herz. Ich glaube, ich heule gleich. Ich meine, ich vermisse Chris echt extrem. Chris. Ich vermisse ihn so. Ich will ihn drücken und ihm seine Haare aus der Stirn streichen. Ihn festhalten. Ich will zu Chris.

»Ich will zu Chris!«

»Alte, beruhig dich! Was isn los?«

»Ich vermiß den nur so!«

»Ich versteh dich nich, Alte!«

»Laß uns gehn!«

»Muß ich mitkommen?«

»Bitte!«

»Na, gut! Aber du vermasselst mir grade alles!«

»Tut mir leid!«

Wirklich. Ich meine, jetzt hat Barb endlich einen an der Angel, und jetzt vermassel ich ihr das. Aber ich kann nichts dafür. Mein Herz schnürt mir alles zu. Das schlägt ganz doll, und ich glaub, ich dreh gleich durch.

»Ich dreh gleich durch!«

»Alte, was gehtn mit dir ab?«

»Ich weiß nich, vielleicht hab ich nur 'n schlechtes Gewissen, wegen der Rumknutscherei!«

»Dann knutsch nich rum!«

»Aber mir war grad so danach!«

»Dann genieß es doch, verdammt noch mal!«

»Aber ich muß die ganze Zeit an Chris denken!«

»Du bist drauf!«

Barb versteht mich einfach nicht. Die hat eben ihren Traummann noch nicht gefunden. Die weiß nicht, was Liebe ist, aber ich weiß es. Ich liebe Chris. Barb und ich quetschen uns an den Leuten vorbei, unsere Jacken bleiben dauernd an irgendwelchen Knöpfen hängen. Das nervt echt. Mann, bin ich froh, wenn ich hier draußen bin.

Außerdem ist die Luft scheiße. Will ich einen Kreislauf-kollaps kriegen?!

»Ich muß hier raus. Hier kriegste ja echt keine Luft mehr!«

»Hast recht! Ich krieg auch schon wieder Migräne!«

»Nehm wir n Taxi?«

»Willste zu Fuß gehn, oder was?«

»Ey, bloß nich!«

Zu Fuß gehen ist in diesem Fall nicht drin. Weil zu Fuß braucht man eine Viertelstunde und mit dem Taxi drei bis vier Minuten. Soviel Zeit habe ich einfach grade nicht. Irgendwie habe ich das Gefühl, daß Chris in dieser Sekunde vom Erdboden verschluckt wird. Das ist nicht komisch. Ich muß mich beeilen. Ich muß Chris sagen, daß ich ihn liebe. Los, schneller. Sonst ist alles vorbei. Barb und ich haben endlich die blöde Tür erreicht. Bloß raus hier, das hält ja niemand aus.

»Das hält ja niemand aus!«

»Puh, ich hätts auch nich länger gemacht!«

»Was is mit deinem Typen, haste seine Nummer?«

»Nö!«

»Warum nich?«

»Weil der mich schon wieder genervt hat. Ich hasse es, wenn einen die Typen so schmalzig verliebt angucken wie kleine Hunde. Die verliern doch absolut ihren Stolz!«

»Barb, du spinnst! Ich wär froh, wenn Chris mich manch-mal so angucken würde!«

»Ich hasse das! Das is so unterwürfig!«

»Sei doch froh, wenn dich die Idioten anhimmeln!«

Echt, so wird das nie was mit einem Traummann für Barb. Die Alte weiß doch selber nicht, was sie will. Irgendwas nervt die Alte immer. Na endlich, da kommt unser Taxi.

»Da kommt n Taxi!«

»Praktisch!«

Echt. Kommt man aus diesem scheiß Laden raus, fährt ein Taxi vor. Ich meine, das ist echt praktisch. Da kann man sozusagen nicht meckern. Jetzt noch vier Minuten, und

ich bin bei Chris. Hauptsache, Monsieur hängt nicht noch
auf der Brückenparty rum. Dann drehe ich echt durch.
Dann weiß ich auch nicht mehr, was ich machen soll.
»Hauptsache, Chris hängt nich noch auf der Brücken-
party rum!«
»Da fahrn wir aber nich auch noch hin!«
»Ich weiß sowieso nich, wo die is!«
»Ein Glück!«
Nee, Scheiße ist das. Nämlich, wenn Chris nicht im Tem-
pel ist, müßte ich eigentlich zur Brückenparty fahren, aber
wenn ich nicht mal weiß, wo die ist, kann ich da auch
nicht hinfahren. So einfach ist das. Noch vier Minuten bis
zum Tempel.
»Zum Tempel, bitte!«
Barb sitzt neben mir und gähnt. Die Alte ist müde. Mann.
Die macht aber auch immer schnell schlapp. Vielleicht
verabreiche ich ihr gleich noch eine Line. Ist natürlich im
Taxi nicht ganz einfach, und ich glaube, die haben das
auch nicht so gerne. Aber man könnte einfach seinen Zei-
gefinger in das Tütchen stecken und die Krümel in die
Nase reiben. Oder aufs Zahnfleisch. Das ist überhaupt das
Beste. Wenn man was gezogen hat, den Rest mit dem Fin-
ger aufwischen und aufs Zahnfleisch reiben. Dann wird
der Mund ganz angenehm taub und hinten im Rachen
läuft das Koks runter. Das ist echt ein ganz besonderer
Geschmack. Dann raucht man eine Zigarette und das
Glück ist vollkommen. Ich hole mal vorsichtig das Tüt-
chen raus, der Taxifahrer soll sich mal aufs Fahren kon-
zentrieren. Barb soll ihren Finger reinstecken.
»Steck mal deinen Finger da rein!«
»Was isn das?«
»Pst!«
»Was isn das?«
»Schnee!«
»Wunderbar!«
»Ja, kannste nich meckern. Ich reib mir das einfach in die
Nase!«

»Iih!«
»Mann, stell dich nich so an!«
»Aber ich will mir nich den Finger in die Nase bohren!«
»Sieht doch keiner!«
»Reicht ja auch, wenn ich das weiß!«
»Alte, machs oder stirb!«
»Dann mach ichs!«
Es gibt echt ungelogen keine Sache auf dieser Welt, bei der
sich Barb nicht anstellt. Die findet echt alles eklig, außer
angefressenen Erdbeerkuchen. Barb spinnt.
»Danke!«
»Dafür nich!«
»Das Zeug is echt gut!«
»Hat ja auch Chris besorgt!«
»Da kann man sich echt auf Chris verlassen!«
»Auf jeden Fall!«
Mein kleiner Chris. Der weiß, wo es gutes Koks gibt. Wir
fahren auf den Parkplatz vom Tempel. Hier ist es dunkel.
Erst weiter vorne, am Eingang, ist mehr Licht. Mein Herz
klopft wie verrückt, als hätte ich Chris seit einem Jahr
nicht gesehen. Mein Mund ist ganz trocken. Meine Hände
sind kalt.
»Meine Hände sind ganz kalt!«
»Warum denn?«
»Weiß nich!«
»Gehts dir nich gut?«
»Doch! Hoffentlich is Chris da!«
»Der wird schon da sein!«
»Meinste?«
Wenn Chris nicht da ist, sterbe ich. Ich will jetzt zu Chris.
So doll wollte ich echt schon seit langem nicht mehr zu
Chris. Wir tanzen im Las Vegas, eng umschlungen, meine
Füße sind nackt und meine Zehen frisch lackiert. Chris
hat sein T-Shirt ausgezogen, meine Finger streichen über
seine Tattoos.
Turn the light off, Baby! I'm easy like Sunday morning.
Chris liegt auf dem Bett, grade gab es frische Croissants

mit Erdbeermarmelade, mein Körper schmiegt sich an den Türrahmen, ich lächle Chris zu, ich küsse den Rahmen, mein nackter Bauch drückt gegen ihn. »Ich liebe dich, Kleine!« Chris und ich sitzen auf dem Boden, Chris ist hinter mir und hat seine Arme um mich gelegt. Er flüstert mir ins Ohr: »Kennst du Giraffenküsse?« Ich lächle und sage: »Nein!« Chris' Lippen an meinem Ohr, sein Atem in meinem Körper. Seine Zunge umkreist mein Ohr. Ich bin glücklich.

Das Taxi hält.

Barb bezahlt. Wir steigen aus. Barb muß pinkeln und verschwindet schnell in den Büschen am Rand vom Parkplatz. Ich warte. Auf die paar Minuten kommt es jetzt auch nicht mehr an. Meint Barb. Ich sehe zum Eingang. Dort ist es heller. Da stehen Leute und wollen rein. Vielleicht ist Chris da irgendwo. Vielleicht sehe ich das Auto von Lenny. Der hat so einen weißen, schrottigen Volkswagen, von vor zwanzig Jahren.

Mein Kopf wendet sich nach rechts.

Da hockt Lenny in der Mitte vom Parkplatz, wo noch keine Autos stehen. Lenny beugt sich über jemanden. Da liegt einer auf dem Boden. Dem ist wohl übel geworden. Vielleicht die schlechte Luft. Ich gehe zu Lenny, ich frage ihn, wo Chris ist. Wenn Lenny hier ist, ist Chris auch hier. Es hat wieder geregnet, der Boden ist feucht. Die Lichter spiegeln sich auf dem Asphalt. Die Leute vor dem Eingang schreien und wollen rein. Man hört die Musik hier draußen, und meine Füße setzen sich voreinander. Barb sieht mich schon, wenn sie fertig mit Pinkeln ist. Lenny hockt immer noch da. Sein Rücken ist mir zugewandt. Ich sehe die blaue Rundung seiner Schultern, seine langen blonden Haare liegen in Strähnen darauf. Ich komme näher. Lenny zieht seine Jacke aus und legt sie Chris unter den Kopf. Chris sieht mich an, ich stoße mit meinem Knie gegen Lennys Rücken.

»Zahnpasta!«

»Lenny, was is mit Chris?«

»Der hat zu viel gefeiert!«
»Was isn mit Chris?«
»Ich weiß nich!«
Chris liegt auf dem Boden, Lennys Jacke unter seinem Kopf. Chris sieht mich an, kleine Lichter in seinen Augen. Ich knie mich neben Lenny. Chris hat zu viel gefeiert. Chris liegt da, auf dem nassen Boden. Seine Hände liegen schlaff neben seinem Körper. Mein kleiner Chris. Ihm geht es nicht gut. Wir wollen in Las Vegas heiraten. Lennys Hände um Chris' Beine. Chris' Augen sind zugefallen. Chris geht es nicht gut, Chris muß ins Krankenhaus, jemand muß Chris helfen. Wir müssen Chris ins Krankenhaus bringen.
»Wir müssen ihn ins Krankenhaus bringen!«
»Meinst du?«
»Chris kann nich aufm Parkplatz liegen bleiben!«
»Wir könn ihn ja ins Auto tragen!«
»Chris, hier is deine Kleine!«
»…!«
»Chris, hörst du mich?«
»…!«
Chris' Augen sind zu. Mein kleiner Chris sieht mich nicht. Hier ist seine Kleine, sie hat ihn vermißt. Seine Kleine liebt ihn, sie will ihn in Las Vegas heiraten, die Kleine will, daß Chris redet.
»Chris! Rede mit mir!«
»…!«
»Chris! Das is nich lustig!«
»…!«
»Chris? Ich liebe dich!«
»…!«
»Chris?«
»…!«
»Chris! Ich liebe dich!«
»…!«
»Ich liebe dich, ich liebe dich, ich liebe dich, ich liebe dich!«

»...!«

»Chris, rede mit mir!«

»...!«

»Mach die Augen auf!«

»...«

»Chris! Ich liebe dich, mach die Augen auf, hier is deine Kleine!«

»...«

»Chris, Chris, Chris!«

»...«

»Chris? ... Ich liebe dich! ... Hier is deine Kleine!«

»...«

Chris, hier ist deine Kleine, sie streicht dir die Haare aus der Stirn. Sie setzt sich auf den Boden, hebt deinen Kopf in ihren Schoß. Chris, mein Lieber. Hier ist deine Kleine. Sie liebt dich, sie vermißt dich, sie tanzt mit dir in Las Vegas. Chris. Ich kann Chris nicht alleine tragen. Vampirella! Meine Hände schieben sich unter seine Knie und seine Schultern. Chris liegt auf meinen Armen. Ich ziehe ihn hoch, an meine Brust, küsse seine Stirn. Jetzt hebe ich ihn hoch. Vampirella hilf mir, ich kann ihn nicht halten. Chris' Kopf fällt nach hinten. Vampirella, wo bist du? Vampirella! Ich stehe auf, Chris in meinen Armen. Ich gehe, Schritt für Schritt. Ich schaffe es. Lenny bleibt hinter Chris und mir zurück, Barb kommt aus den Büschen und sieht uns an. Ich gehe an ihr vorbei, Chris in meinen Armen. Dahinten ist es dunkel. Komm mit, Chris. Wir wandern einfach aus. Ich trage dich. Wir wandern aus und gehen nach Amazonien. Da ist es schön. Wirklich. Die Leute lachen da und sind freundlich. Es gibt keine Autos und keine Clubs. Nur schönes Wetter und gute Luft. Wir gehen nach Amazonien. Ich trage dich. Ruh dich aus und mach dir keine Sorgen. Ich weiß den Weg. Wenn wir da sind, weck ich dich. Da ist es schön. Weite Ebene, staubiger, gelber Boden, warme Luft und der Amazonas. Am Ufer ist es grün, und am Horizont flimmert die Luft. Da ist ein kleiner Hügel mit einer Schirmakazie. Das ist unser Hügel.

Den habe ich uns dahin gemalt. Ich kann dich tragen, Chris. Vampirella braucht mir nicht zu helfen.
Ich kann das alleine.
Unter meinen Füßen ist Sand, die Sonne ist orange, Schlangen fliehen vor meinen Schritten, mein Mund ist trocken. Ich sehe den Hügel, die Schirmakazie wartet auf uns. Mach die Augen auf, Chris. Hier ist es schön. Merkst du, wie gut das ist? Das ist Amazonien. Wir legen uns auf die Schirmakazie, mein Kopf auf deiner Brust. Die Blätter tragen uns. Hier ist Ruhe, der Amazonas links von uns. Chris, wir sind am Ziel. Ruh dich aus. Relax. Hier ist deine Kleine, Chris. Deine Kleine liebt dich. Und wir heiraten in Las Vegas.

Benjamin von Stuckrad-Barre *(geb. 1975) ist ein Popliterat, der in vielen Medien zu Hause ist. Seine Bücher sind Bestseller, seine Lesungen inszeniert er wie ein Popstar. Er hat u. a. eine eigene Literatursendung beim Musiksender* MTV *moderiert. Vor seinem literarischen Durchbruch war er u. a. Musikjournalist und hat Texte für die Harald-Schmidt-Show geschrieben.* Ironie *ist in dem Band* Remix *enthalten.*

24. *Ironie*

Andere werden langsam wahnsinnig, ich schnell. Meine Nachbarin bereitete mit ihren Freunden eine Demonstration vor, das hatten sie schon lange nicht mehr gemacht. Ich setzte mich dazu und tat das, was man vor vielen 100 Jahren »sich einbringen« nannte, jetzt aber nicht mehr so nennen durfte, weil diese Redewendung durch die Drüberlustigmachmühle gegangen war, aber die eigentlich interessante Frage war ja nicht, ob man es weiterhin so NANNTE, sondern, ob man es trotzdem noch MACHTE. Ich wußte darauf keine Antwort – und brachte mich also ein. Sie wollten gegen die Ironie demonstrieren, und das war nur allzu gut verständlich, die Ironie würde uns noch umbringen. Inzwischen war ja jedermann ironisch, man bekam, ob beim Bäcker, in Zeitungen, im Fernsehen, in der Werbung, auf Anrufbeantwortern, in Einladungen, Regierungserklärungen, Postkarten oder in den Charts, überhaupt nur noch ironische Auskünfte. Wäre das Leben eine Bruchzahl, dann würde man all die Ironie unterm und überm Strich einfach wegkürzen können, um danach etwas klarer zu sehen. Sie saßen auf dem Wohnzimmerboden und bemalten Transparente. Ich ging mir ein altes T-Shirt anziehen, um mitmalen zu können.

Ganz unten im Schrank liegt die Ironiekleidung. Alte T-Shirts und Hosen, die man aus nostalgischen Gründen oder in historisch logischer Revival-Vorausahnung noch nicht weggeworfen hat, die man aber – momentan zumindest – auch nicht mehr tragen mag, normalerweise; höchstens zum Anstreichen, Rasenmähen, Schlafen – oder zum Ironischsein. Bei diesen Kleidungsstücken ist in der Regel alles zu spät, oder eben zu früh (Revival!): die Paßform, Farbe, Beschriftung (noch mal zu unterscheiden, ob aktuell falsch ist, WAS draufsteht oder DASS überhaupt was draufsteht), der Stoff, bei Jacken oft todbedeutend: der Schließmechanismus. Ob man der Mode (die es ja nicht mal mehr gibt, weil sie ja den Heldentod stirbt, sobald wir sie konkret benennen und kaufen können) voraus- oder hinterhereilt (oder -lahmt), ob man etappenweise Schritt halten kann, wie auch immer, jegliches Verhalten zu ihr generiert Berge untragbarer Dinge. So schnell kann kein Mensch wegschmeißen. Es gibt ja T-Shirts, die man nicht nur getragen hat, an die hat man GEGLAUBT – sie getragen, wann immer es wichtig wurde. Nun liegen sie dort unten. Eine Zeitlang trugen viele meiner Freunde T-Shirts mit Firmenlogos drauf. Das schon sollte ironisch sein. Noch mal doppelt ironisch waren dann die Witz-T-Shirtverkäufer, die aus Jägermeister »Ravermeister« machten, aus Aral »Anal«, aus Lego »Ego«. Etwa zeitgleich mit der

H&M-isierung dieser Shirts wurde eine Weile lang sogar Energie darauf verwandt, selbst die Ablehnung gegenüber diesen fürchterlichen Witzshirts noch zu differenzieren: Es wurde weitaus schlimmer gefunden, ANAL auf der Brust stehen zu haben, als NIVEAU statt Nivea. Andere verbrachten viele Nächte mit Auskünften und Überlegungen darüber, BIS WANN genau Original-Firmen-Logo-Shirts in Ordnung waren und ab wann genau warum nicht mehr. Es gab eine hervorragende Band, die auf der Bühne diese Shirts trug, und für die einen bedeutete dies das Ende der Tragbarkeit bei gleichzeitiger Coolnesswahrung, für viele andere war das erst der Schlüsselreiz, sie auch zu tragen. Wer nun altklug entgegnet, man könne solche Debatten ja ohne weiteres ignorieren, der möge doch so freundlich sein und einen Tanzschuppen oder eine Bierschänke aufsuchen und sich dort wohl fühlen, davor und dabei und danach aber KEINE SEKUNDE darüber nachzudenken, was er anhat. Einer der coolsten Männer der Weltgeschichte hat ja einst auch nicht irgendein zerschnittenes T-Shirt getragen, sondern genau das, das die anderen unzerschnitten trugen. Was man auch tut, es gerät zum Statement. Im Fall eines T-Shirts bis zu neunmal ironisch gebrochen.

Zum Protestschildmalen wäre ein T-Shirt anzuziehen sinnvoll gewesen, aber ich war unfähig, eins auszuwählen, und behielt mein Hemd an, man konnte ja aufpassen, die Ärmel hochkrempeln usw. Sie meinten es ernst mit der Demonstration und trotzdem auch ironisch, unterstellte ich. Schließlich zitierten sie formal Demonstrationen aus Zeiten, in denen, na ja, also, das waren doch andere Themen gewesen. War es Kapitulation oder Klarsicht, die ihrem Transparentmalen zugrunde lag? Konnte man diese Form des Protests denn genauso sampeln wie alles andere, und war das nicht auch wieder ironisch? Wir waren uns ja alle einig, daß unsere jährliche Fahrt zur Love Parade nicht mehr und nicht weniger politisch war als unsere Fahrten ein paar Jahre davor nach Bonn mit einem KEIN

BLUT FÜR ÖL-Transparent im Kofferraum. Es stand gar niemandem zu, einer Generation ihr Protestverhalten vorzuwerfen. Sobald man es analysierte und an eigenen Kampfzeiten maß, hatte man doch ohnehin verloren, nämlich erstens den eigenen Kampf aufgegeben und als wilde Zeit abgeheftet, was es erlaubte, sie je nach Bedarf als nostalgische Plakette hervorzukramen oder distanziert als romatischen Irrtum abzutun; und zweitens zugegeben, daß man es nicht mehr begriff und traurig war, daß die Simulation von Aktion jetzt ohne einen lief. Die Ironie richtete schlimmeren Schaden an als der Lauschangriff, das war gewiß, aber wer würde sie verteidigen und hernach ein ordentliches Feindbild abgeben? Und unsere Demonstration wäre ja auch nur eine Selbstanzeige, gewissermaßen. Wir zerstritten uns ordentlich. Das immerhin ging noch, dafür taugten Revolutionskommandos zu jeder Zeit. Sich streiten und dabei den eigenen Argumenten zuhören, sie messen, überdenken, Lager bilden, Zustände analysieren.

Ich kochte Kaffee, weil ich Tee trinken wollte wie alle anderen auch, aber Tee war das Demonstrantengetränk schlechthin, und dies zu kopieren wäre unmöglich gewesen, nämlich wieder ironisch. Vielleicht. Oder einfach nur lecker. Du, ich mach uns mal erst mal n Tee, das war doch Standardhalbsatz im allerbilligsten Spaßmacherrepertoire, und die Leute lachten gerne darüber, weil sie glaubten, selbstironisch zu sein.

Zwickmühlen an jeder Ecke; dicke Turnschuhe zum eleganten Anzug. Da haben wir den Salat – mit *Cross-Dressing*. Der Liebhaber meiner Nachbarin berichtete, das Lied *Freiheit* von Marius Müller-Westernhagen habe ihn bei den Montagsdemonstrationen 1989 in Leipzig so euphorisch werden lassen, ganz ehrlich, und mittlerweile wüßte er einiges mehr über Musik, das zumindest sei sein Eindruck, und vielleicht auch über die sogenannte Freiheit, und eine ihm unlösbare Frage sei: Wer ist schlimmer, Westernhagen oder ich damals, daß ich ihm auf den Leim gegangen bin, oder sogar ich heute, weil mir überhaupt kein Leim einfällt, von dem ich nicht nach spätestens einer Woche wieder abgleite.

Wie schön doch mal ein langklebender Leim wäre!

Ich wünschte mir jemanden herein, der mit neuester Frisur, neuester Musik und ohne irgendwas gesehen und begriffen zu haben von der sogenannten Welt (nur dann ist das ja möglich) rumpunkte und uns Hippies schimpfte oder gerne auch Yuppies oder, noch besser, ein Wort, das uns unter anderem deshalb so verletzt, weil wir es nicht KENNEN. Würden. Haha. Aber wir hörten eine Weißpressung modernster Tanzmusik, Import, neuer ging es nicht, ich hatte kein Ironie-Shirt an, sondern ein fabelhaft geschnittenes Hemd, absolut zeitlos, konnte man nichts dagegen sagen, auch die anderen waren durchweg gekleidet wie teilnahmslos von Gott beschenkte Modevormacher aus einer englischen Zeitschrift, die es nur am Bahnhof gab für eine Menge Geld, neue Schimpfwörter dachten wir uns auf Grundlage der entsprechenden Filme immer noch selbst aus, und unsere Frisuren standen ebenfalls in keinerlei Verdacht, überholbar zu sein. Und niemand kam rein. Und wir gingen nicht mal mehr raus, die Demonstration war beendet, und sie hatte noch gar nicht begonnen. Schöne Scheiße. Es war je nach Stimmung entweder der vorlaute Schlachtruf oder die desorientierte Klage:

– Uns macht keiner was vor!

Nicht mal die Bestätigung der Richtigkeit des eigenen Tuns durch Elternvorwürfe gab es noch, die Eltern fanden das ALLES in Ordnung. Im Geschichtsunterricht hatte man uns ungläubig staunenden von Eltern erzählt, die ihren Kindern früher die zerpunkten Jeans angeblich wieder zugenäht hätten. Unsere Eltern aber kamen immer schneller hinterher, und es war keine Musik mehr denkbar, die ÜBERHAUPT NICHT werbespotkompatibel war.

Ein gutes Beispiel sind auch Tennissocken. Tennissocken sind fürchterlich, keine Frage, aber ist nicht das zwangsverordnete Drüberlachen noch schlimmer? Und dann tragen also Leute wieder Tennissocken, aus Protest, und das ist vielleicht zu verstehen, aber ja auch so krank, weil sie damit also, nur der Abgrenzung wegen, schlimme Socken tragen. Und dann nicht einfach still diese Socken dünnlaufen, sondern tatsächlich ERKLÄREN, warum sie die tragen, um sich zumindest, oh ja, INHALTLICH zu unterscheiden von jenen, die diese Socken nicht schon wieder, sondern immer noch tragen. Irgendwie muß man die Neuzeit ja rumkriegen.

Über bestimmte Erscheinungen der Populärkultur hieß es immer häufiger, sie seien so schlecht, daß sie schon wieder gut seien. Diese Gleichung klingt vielleicht erst mal nicht so blöd, wie sie ist, aber wie soll das gehen? Der Kreislauf der Dinge: kurz hinter ganz schlecht fängt das Gute wieder an und hinter Hamburg der Wilde Westen. Und die PDS zum Beispiel ist die Tennissocke unter den Parteien.

Es ist eine einzige Verrenkung. Wie schnell die Smashhits zum Witz gerinnen! Unten in der mietpreismindernden Kneipe lärmte gerade eine lokale Band, die ihr Treiben »Postgrunge« nannte, und so leid es uns tat, wir mußten uns wirklich kaputtlachen darüber. Aber sie meinten es natürlich ernst. Noch nie war es so leicht möglich, so unterschiedliche Musik zu mögen, zu kaufen, zu vergessen. Der Kauf einer Platte taugte nicht mehr zum Unterschlupf und zur Lebenskonzeptprothese, stellte zugleich auch kein Risiko mehr dar. In jeder »Ich hör' eh nur Kassetten«-CD-Sammlung, die eher eine Ansammlung ist, ein krudes Häuflein des Zufalls, 16 Stück und 3 davon verliehen, selbst dort finden sich immer einige hervorragende Platten. Es fehlt ein Kanon, sagen die einen, dabei bestand doch alles Tun in nichts anderem als dem Zusammentragen und Abgleichen. Allgemeinverbindlichkeit ist ein Witz oder Sozialismus oder ein gelbes Stofftier, das durch einen Jeansspot cruist zu einem wirklich famosen Stück Musik. Neu: Hits, die man nicht nachsingen kann. Die auch nicht überliefert werden. Aber wen, vom Kompo-

nisten abgesehen, kümmert's. »Sehnsucht nach Fremdbe-
stimmung und Deckelung, perfekter Nährboden für eine
Diktatur«, analysierte meine Nachbarin, und ich schaute
aus dem Fenster, um nicht durch ihren Blick Gewißheit
darüber zu erlangen, ob sie auch das wieder postirgendwie
meinte. Und draußen, hinterm Fenster, da war es noch
dreimal so schlimm. Wer unter der Durchlauferhitzkultur
(ein Wort unseres geschwätzigen Vermieters, über das wir
immer gelacht hatten, aber immer lachen war ja auch
hohl) aktuell am meisten litt, waren wahrscheinlich die
Architekten. Was für schwachsinnige Häuser die bauten!
Nicht bewußt häßlich, nicht interessant neu, nicht konsequent klassisch – einfach zusammengewürfelter Blödsinn.
Wir saßen vor halbfertigen Transparenten, und die Farbe
taugte nicht mal zum Schnüffeln, weil sie in einem Laden
gekauft worden war, in dem es auch Honig für 17 Mark
gibt und Tee, der nach Tod riecht, aber gesund ist. Meine
Nachbarin erzählte, der Moment, als sie eine vergangene
Liebe bei der Fernsehübertragung des Schlager-Grand-
Prix im Publikum entdeckte, sei vergleichbar mit dem
Aufruhr im durch Fett zugangsverstopften Herzen von
Mutter Beimer, als die einst ihren Sohn Klausi unvermutet
in einem Pulk von Neonazis im Fernsehen erkannte.
Dann redeten wir über Opfer und Täter, aber natürlich
am nicht wichtigeren, bloß interessanteren Thema Grand
Prix. Jemand sagte, früher sei er manchmal abends schlafen gegangen mit geballter Faust und der festen Ansicht,
dumm, blöd, bekämpfenswert seien die ANDEREN, irgendwelche anderen, die wechselten, aber es gab sie immer. Da fragte meine Nachbarin, ob man mit geballter
Faust überhaupt onanieren könne, und der Typ antwortete mit dem Satz, mit dem Prominente ihre Ehekonfusion
erläutern:
– Dazu gehören immer zwei.
Statt Kaffee-statt-Tee hätten wir auch Limonade trinken
können, was jedoch nicht weniger vertrackt gewesen
wäre: Es gibt eine Limonade, die man jahrelang nur an

von Schließung mangels Zuspruch bedrohten Waldmini-
golfanlagen serviert bekam, einige Kisten dieses Leergutes
fand man auch immer im Tischtenniskeller solcher Ju-
gendherbergen, deren Betreiber glauben, eine Renovie-
rung würde dem Haus seinen ursprünglichen Charakter
rauben. Nun ist diese Brause wieder erhältlich, und man
weiß nicht recht wieso, denn sie schmeckte weder damals
noch heute; ein ebenbürtig garstiges Konkurrenzprodukt
wirbt derweil mit dem Slogan »Image ist nichts«. Da lachen wir alle noch mehr als die aufgekratzten Jungs im
Werbespot, die so froh sind über die tolle Erfrischung.
Image ist nichts? Klingt nach Ausrede einer Werbeagen-
tur. Das Image ist alles. Plötzlich hatte Brauner Bär ein
gutes Image. Da gab es ihn aber schon nicht mehr und
dann wieder doch, wg. super Image. Plötzlich behauptete
ein Heer von 70er-Jahre-Adoleszenten, dieses Eis eigentlich ohne Unterbrechung gelutscht zu haben während der
Kindheit, und welcome back, liebes Eis. Es war rührend,
wie auf einmal dieses Eis emporgehoben, die geänderte
Rezeptur beklagt und die Magazine damit vollgeschrieben
wurden – auf der Suche nach dem verlorenen Eis. Da die
Halbwertszeit von Produktmoden erheblich gesunken ist,
sank auch die Zeitspanne zwischen Verschwinden und re-
vivalbedingtem Wiederauftauchen. Das gilt ganz besonders
auch für die Unterhaltungsindustrie; Helge Schneider hatte
das nach einer knapp einjährigen Pause so besungen:
Comeback / Ich war lange weg / Jetzt bin ich wieder da.
Dazu scheppert das schneiderische Orchester so absicht-
lich schlecht, daß es – ja, schon wieder was ist? Gut, ironisch. Nicht so gut.

Benjamin Lebert (*geb. 1982*) *hat seinen autobiographischen Roman* Crazy *mit 16 Jahren geschrieben.* Crazy *ist
mittlerweile auch mit großem Erfolg verfilmt worden.
Darin erzählt Lebert, wie sein Held Benjamin zum wie-
derholten Male aufgrund schlechter schulischer Leistungen*

auf ein neues Internat kommt. Dort wird der halbseitig
gelähmte Junge in eine Jungenclique aufgenommen. Ge-
meinsam macht man erste Erfahrungen mit Drogen und
Sex und flüchtet schon mal, wie im hier abgedruckten
Textauszug zu lesen ist, vom Internat in die nächste Stadt.

25. Crazy

»Hast du eigentlich einen Behindertenausweis?« fragt
mich Janosch, als wir in die U-Bahn einsteigen. Wir müs-
sen nur vier Stationen fahren. Zur Münchner Freiheit. Das
dauert nicht lange. Außer uns ist fast niemand im Waggon.
Wir setzen uns.
»Nein«, erwidere ich.
»Warum nicht?« will der dicke Felix wissen.
»Sie geben mir keinen«, entgegne ich. »Sie sagen, ich wäre
nicht behindert. Ich könne doch laufen, haben sie gemeint.«
»Sind die bescheuert?« fragt Janosch. »Gab es denn keine
Untersuchung?«
»Nein, es gab keine«, antworte ich. »Aber ich muß zugeben, ich bin gar nicht so scharf auf diesen Behindertenausweis. Für was brauche ich ihn auch? Nur um zu zeigen,
daß ich ein Krüppel bin!«
»Du hast mir doch neulich selbst gesagt, daß du Gleichge-
wichtsstörungen hast«, erwidert Janosch. »So etwas kann
gefährlich werden. In der U-Bahn zum Beispiel. Wenn alles voll ist. Darum gibt es diese Behindertenplätze. Sie
sind genau für dich gemacht!«
»Außerdem könntest du fast überall billiger hinein«, fügt
der dicke Felix hinzu. »Ins Pornokino zum Beispiel!«
»Du hättest es einfach verdient«, wirft Janosch ein. »Du
bist nämlich ziemlich arm dran mit deiner Behinderung,
weißt du das eigentlich? Da könnten sie dir ruhig eine
Entschädigung geben. Aber das interessiert sie natürlich
nicht. Typisch Staat.«

»Das ist doch gar nicht der Staat, sondern das Versorgungsamt«, erwidere ich.

»Trotzdem sind es die gleichen Typen«, antwortet Janosch. »Der Staat eben.«

»Was meinst du eigentlich mit Staat?« fragt der dicke Felix.

»Das weiß keiner so genau«, gibt Florian zu bedenken. »Irgendwie die Leute, die alles versorgen, glaube ich. Die entscheiden, was Recht und was Unrecht ist.«

»Und wozu sind sie gut?« fragt der dicke Felix.

»Na ja, immerhin«, bemerkt Janosch, »bauen sie ja Straßen und so etwas. Und U-Bahnen. Ich glaube, ohne die säßen wir hier gar nicht.«

»Aber sind das nicht dieselben Leute, denen wir die ganzen Verschwörungen zu verdanken haben?« fragt Kugli. »Die Leute, die vor uns verbergen, daß es *Aliens* gibt?«

»Ja, ich glaube, das sind dieselben«, entgegnet Florian. »Und sie bringen die Verbrecher ins Gefängnis.«

»Zum Teufel, was machen die denn noch alles?« fragt der dicke Felix. »Das ist ja richtig schlimm. Was sind denn wir in diesem ganzen Komplott?«

»Wir sind die Menschen«, antwortet der dünne Felix.

»Was sind denn dann die anderen, wenn wir die Menschen sind?« fragt Kugli.

Der dünne Felix überlegt. Seine Augen rollen. Er preßt die Hände aufeinander. »Die anderen sind die *großen* Menschen«, sagt er schließlich.

»Die *großen* Menschen?« wiederholt Kugli. »Wie in diesen Verschwörungsfilmen?«

»Na ja«, erwidert Janosch. »Ein Film ist ein Film. Die Realität ist dann doch wieder etwas anderes.«

»Trotzdem sind Filme *crazy*«, wirft der dicke Felix ein.

»Hat jemand von euch *Pulp Fiction* gesehen?«

»Jeder hat *Pulp Fiction* gesehen«, antwortet Janosch. »So toll war der nun auch wieder nicht.«

»Kennst du einen besseren Film?« fragt Florian.

»*Braveheart*«, entgegnet Janosch. »Der ist gut. Mel Gibson ist *crazy*. Außerdem mag ich Schottland.«

»Warum magst du ausgerechnet Schottland?« frage ich.
»Ich glaube, in Schottland sieht es aus, wie es im Himmel aussehen muß.«
»Warum das?« frage ich.
»Na ja – es gibt viele Pflanzen.«
»Es gibt viele Pflanzen?« wiederhole ich. »Glaubst du denn, im Himmel gibt es viele Pflanzen?«
»Im Himmel gibt es alles«, entgegnet Janosch. »Und in Schottland auch. Dort beschützt das Wetter die Landschaft vor den Menschen.«
»Wieso?« will der dicke Felix wissen.
»Weil es dauernd regnet«, erklärt Janosch.
»Und seit wann fliehst du vor den Menschen?« will der dünne Felix wissen.
»Seitdem es hier zu voll geworden ist«, antwortet Janosch. »Hier ist es einfach zu eng. Manchmal habe ich das Gefühl, ich kann nicht mehr schnaufen. Es ist widerlich, dieses Gefühl. In Schottland habe ich das nicht. In Schottland bin ich frei.«
»Ich glaube, wir sollten mal zusammen ins Kino gehen«, erwidert der dicke Felix.
»Warum bist du ausgerechnet so scharf aufs Kino?« will Janosch wissen.
»Na ja, das Kino erzählt doch etwas vom Leben, oder?« fragt Kugli.
»Ich glaube, der Weg zum Kino erzählt mehr vom Leben«, antwortet Janosch.
»Wißt ihr, zu welcher Erkenntnis ich nach dieser Diskussion gekommen bin?« frage ich.
»Lebert ist zu einer Erkenntnis gekommen«, sagt Janosch.
»Zu welcher?« fragt der dicke Felix.
»Die Welt ist *crazy*«, erwidere ich.
»Da hast du recht«, entgegnet Janosch. »*Crazy* und schön. Und man sollte jede Sekunde ausnützen.«
Die anderen klopfen mir auf den Rücken.

Das Striplokal, über dem Sambraus wohnt, heißt ausgerechnet Leberts Eisen. Die Jungs empfangen mich lachend, als ich mit Sambraus an die Eingangstüre trete. Ich habe mich ein wenig mit ihm unterhalten. Über das Leben. Und seine Zeit. Er würde zu gerne seinen alten Internatskollegen auftreiben, hat er gemeint. Xaver Mils. Er wolle versuchen, ihn später im Telefonbuch zu finden. Wir seien ihm sehr ähnlich. Besonders Janosch. Sambraus sagte, Mils hätte bestimmt große Freude daran, uns kennenzulernen. Außerdem seien sie sich seit etlichen Zeiten schon nicht mehr über den Weg gelaufen. Da wäre es nun mal wieder an der Zeit, hat Sambraus erklärt.

Ich glaube, Sambraus ist ein netter Kerl. Auch Janosch hat das inzwischen eingesehen. Die beiden haben in der Untergrundbahn einige Worte miteinander gewechselt. Kugli hingegen glaubt immer noch, Sambraus sei ein Spinner. Damit hat er wahrscheinlich recht. Aber er ist ein gutmütiger Spinner. Und ich glaube, auch er hat in seinem Leben das ein oder andere hinter sich gebracht. Man sieht es schon an seiner Behausung. Das Striplokal liegt in einer Seitenstraße. Es ist ein altes dreistöckiges Gebäude. Die Wände sind grau und abgeblättert. Über dem ersten Stock hängt ein Neonschild mit besagter Beschriftung: *Leberts Eisen.* Die Schrift ist dreidimensional, die rosafarbenen Buchstaben sind dicht aneinander gedrängt. Daneben erkennt man eine Neonfigur in Form einer nackten Frau. Sie bewegt Arme und Beine. Im Scheinwerferlicht der Autos glänzen sie.

»Warum hast du uns nicht erzählt, daß du auf die Pornobranche umsteigst?« fragt Janosch und lacht schallend auf.
»Es sollte eine Überraschung werden«, entgegne ich.
»Die ist dir geglückt«, wirft der dicke Felix ein.
»Leberts Eisen, wie? Benjamin – du bist *crazy*!«
Und damit betreten wir das Striplokal. Drinnen herrscht schlechte Luft. Ich kann kaum atmen. Verzweifelt reiße ich meinen Mund auf. Über den Boden fließt weißer Nebel. Die Wände sind rosa. Alle fünfzig Zentimeter ein Abbild

von einer nackten Frau. Mit Neonrahmen. Grün. Auf der rechten Seite befindet sich eine vielleicht zwei Meter hohe Bühne. Sie ist schwarz. Jeweils zur linken und rechten Seite gibt es eine Eisenstange. Sie führt von der Decke zum Bühnenboden. Den Hintergrund der Bühne bildet ein roter Vorhang. Darüber hängt eine kleine Anzeigetafel. Ablaufende Sekunden. Von 60 bis 0. Momentan steht sie bei 53. Gegenüber der Bühne liegt die Bar. Ein großer, breiter Mann steht dahinter und verteilt die Getränke. Er hat einen braunen Vollbart und kleine schnelle Augen. Seine Augenbrauen sind dicht und wirr, die Stirn ist faltig. Hinter dem mächtigen Mann sind ziemlich viele Flaschen aufgereiht. Hauptsächlich Whiskey, Wein und andere alkoholische Getränke. An der Bar sitzen fünf Männer. Müde und abgekämpft schauen sie auf die Anzeigetafel. Sie ist inzwischen bei 49 angelangt. Insgesamt sind vielleicht fünfzig Leute hier. Es ist ziemlich eng. Sie sitzen alle auf Barhokkern an hohen runden Tischen in der Mitte des Raumes. Die meisten von ihnen haben die Beine übereinander geschlagen. Verstohlen schauen sie immer wieder auf die Anzeigetafel. 45. Aus den Lautsprechern dröhnt Musik der siebziger Jahre. Ein zwanzigjähriger DJ legt die Platten auf. Seine Haare sind natürlich wasserstoffblond. Er trägt einen schwarzen Lederanzug. Aus dem Oberteil lugt ab und an ein weißes *Simply Red*-T-Shirt hervor. Sein Gesicht ist glatt und ohne Furchen. Er hat zwei Plattenspieler vor sich. Daneben liegen Plattenhüllen und ein Mikrofon. Der DJ trägt einen schwarzen Kopfhörer. *It's allright* von SUPERTRAMP erklingt aus den Lautsprechern. Auf der Anzeigetafel leuchtet inzwischen die 42 auf. Der breite Mann an der Bar schaut hoch, als er uns kommen sieht. Sein Blick fällt auf Sambraus. Dann ein Lächeln. »Sammy! Wen hast du denn da schon wieder angeschleppt?« fragt er.

»Sechs Jungen aus dem Internat Neuseelen«, antwortet Sambraus. »Die sind heute geflohen. Da dachte ich mir doch, ich bringe sie zum lieben Charlie. Damit sie auch mal was zu sehen kriegen. Das hier sind Janosch, Troy,

Felix, Florian, noch mal Felix und Benni! Jungs! Ihr lernt den ehrenwerten Charlie Lebert kennen!«

»Charlie Lebert?« fragt Janosch. »Sehr erfreut.« Er lacht schallend auf.

Auf der Anzeigetafel erscheint die 31.

»Jungs! Ihr seid bei mir richtig aufgehoben«, sagt Lebert. »Wir machen heute abend eine richtige Party! Wenn ihr einen Wunsch habt, so sagt es mir nur! Zunächst: Was wollt ihr trinken?«

»Baccardi O für alle«, sagt Janosch.

»Auf meine Rechnung«, ergänzt Sambraus.

»Danke«, wirft Kugli ein. »Ich habe aber noch eine Frage.«

»Frag nur!« erwidert Charlie Lebert. Seine Stimme klingt tief.

»Meinen Sie, es wäre irgendwie möglich, einen Schweinebraten zu bekommen?« fragt Felix.

»Einen Schweinebraten?« wiederholt Lebert. »Du bist hier in einem Striplokal.«

»Ich weiß schon«, antwortet Felix. »Aber vielleicht hätten Sie doch einen. Ich habe nämlich … ziemlichen Hunger!«

»Na gut – ich schaue einmal, was sich machen läßt. Hier sind erst einmal eure Baccardis.«

Er stellt sie auf den Tresen. Lange, rote Gläser mit Strohhalm und schwimmender Zitrone. Die Jungs hauen das Getränk so schnell wie möglich weg. Sambraus zahlt. Ich lasse mir Zeit.

Eine halbnackte Dame tritt an uns heran. Sie trägt einen blauweißen Slip mit roten Glitzerstreifen. Ihr Oberteil bedeckt gerade einmal die Brustwarzen. Es ist ein blauer Fellüberzug. In ihren langen braunen Haaren flimmern rote Konfettis. Ihr zartes Gesicht ist eindrucksvoll geschminkt.

»Sammy! Was sind denn das für süße Kerle an deiner Seite?« fragt sie.

Die Anzeigetafel zeigt nun die 22.

»Ach, Laura!« entgegnet Sambraus. »Schön, dich mal wiederzusehen! Das sind Internatsschüler. Sie fliehen. Ich habe sie mit hergebracht.«

»Es sind wirklich hübsche Kerle«, sagt Laura. »Besonders der da!«

Sie deutet auf mich. Mit ihren großen Brüsten kommt sie auf mich zugewackelt. Streicht mir über die Haare.

»In zwei Jahren wirst du ein richtig schöner Mann sein, weißt du das?«

Ihre Stimme klingt weich. Ich schaue in ihren Ausschnitt. Die Jungs sind begeistert. Sie machen große Augen. Der Baccardi gibt ihnen wahrscheinlich Mut. Janosch legt den Arm um Lauras Taille.

»Sie stehen doch auch irgendwann auf dieser Bühne, oder?« fragt er erwartungsvoll.

»Ja, das werde ich«, antwortet sie. »Gleich nach Angélique. Ich tanze nur für euch. Für euch Süßen!«

Janoschs Ohren werden dunkelrot. Er blickt auf den Boden.

»Laura! Verdirb mir nicht meine Jungs!« sagt Lebert und lacht.

»Das werde ich nicht«, antwortet sie. »Ich muß nun sowieso los. Also macht's gut! Viel Spaß noch, ihr Süßen! Und kommt nicht zu nah an Sammy heran! Er ist ein Tiger!«

Sie lacht und verschwindet in der Menschenmenge. Ihr Slip ist hinten fast nicht vorhanden. Man sieht ihren Hintern. Ich möchte in diesem Hintern versinken. Den Jungs geht es da nicht anders. Allesamt gaffen wir ihr nach. Sambraus und Lebert lachen. Der Hintern ist ein wenig gebräunt. Nach oben gerichtet. Die Arschbacken kleben fast aneinander. Es sieht sexy aus. Auf der Anzeigetafel erscheint eine große 10. Sie ist größer als die anderen Zahlen. Janosch reißt die Arme in die Höhe.

»Es geht endlich los!« schreit er. »Gott, ich danke dir für mein Leben!« Er bestellt noch eine Runde Baccardi. Lebert fragt nicht nach unserem Alter. Und überhaupt lächelt er nur. Wahrscheinlich hat er einfach einen guten

Tag. Er schenkt den Baccardi nach. Ich muß mein noch stehengelassenes Glas schnell hinunterstürzen. Das bekommt mir nicht so gut. Alles dreht sich. Ich keuche. Die anderen haben ihr zweites Glas schon weg. Eigentlich will ich meines noch aufheben. Aber der dicke Felix stürzt es mir in den Rachen hinein. Alles in mir wird warm. Ich spüre das Pochen meines Herzens. Fühlt sich wie ein Schlaghammer an. Ich niese. Muß an Laura denken. Und meine Mutter. Hoffentlich geht es ihr gut. Und hoffentlich macht sie sich nicht allzu viele Sorgen. Eigentlich könnte ich jetzt zu ihr fahren. Aber ich tue es nicht. Es würde sowieso nichts bringen. Auf einmal wird es dunkel. Auf der Anzeigetafel erscheint eine große 1. Ich schwanke vor und zurück. Janosch schreit einmal laut auf. Mindestens vier Arme werden um mich gelegt. Ich taumle mit dem Gewicht von mindestens sechs Personen auf die Bühne zu. Der dicke Felix schüttet mir noch etwas in den Rachen. Es schmeckt nach Bier. Hat aber einen Nachgeschmack. Aus den Lautsprechern ertönt die helle Stimme des DJs. Sie wird mir in den Kopf gehämmert. *Für euch heute zum fünften Mal Angélique! The way you make me feel* von *Michael Jackson* brodelt unter meinen Füßen heran. Die Jungs schreien. Ich werde in die Luft gerissen. Stolpere. Ich sehe Janoschs Gesicht:

»Lebert! Diesen Abend werd ich nicht vergessen. Das sage ich dir! Und mit ihm – deinen Namen.«

Er fährt mit der Hand durch meinen Schopf. Lächelt. Nie zuvor habe ich Janosch so lächeln gesehen. Und nie wieder werde ich ihn so lächeln sehen. Troy. Auf sein Gesicht ist die Freude genagelt. Mit großen, breiten Reißnägeln. Und auch der dicke Felix lacht. Er springt hoch in die Luft. Reißt mich mit. Er kann Angélique nicht erwarten. Ein Schenkel wird beleuchtet. Dann der andere. Schließlich die ganze Frau. Angélique. Sie trägt einen schwarzen Herrenanzug. Ihre Hüften kreisen. Das Haar ist schwarz. Es geht bis zum Hals. Ihr Gesicht ist zart und rein. Kleine, braune Augen schimmern daraus hervor. Mit viel

Glück ist sie 1,60 m groß. Sie steht auf hohen Absätzen. Schwarze Wildlederschuhe. Sie schmiegt ihr rechtes Bein um eine der Eisenstangen. Öffnet ihre Hose. Angélique rutscht die Stange herunter. Aus dem Publikum ertönen grelle Schreie. Auch Janosch schreit. Er fährt sich mit den Händen durch das Haar. Packt Felix am Rücken. Wir springen in die Höhe. Angélique trägt unter der Hose einen schwarzen Slip. Sie schleckt ihren Finger ab und läßt ihn hineinfahren. Spielt ein wenig. Ihre braunen Augen verdrehen sich. Ich bekomme einen Ständer. Er preßt sich gegen meine Jeans.

Ich fühle mich großartig. Alles dreht sich. Alles ist mir egal. Die vollbusige Freundin meines Vaters. Die Angst meiner Mutter. Die Liebe meiner Schwester. Ich will nur noch zu Angélique auf die Bühne. Ihr den Arsch ausschlecken. Janosch drückt mir einen Zehnmarkschein in die Hand.

»Wetten, daß du dich nicht traust, nach oben auf die Bühne zu gehen, um ihn ihr in den Slip zu stecken?«

»Und ob ich mich traue«, erwidere ich.

»Zusammen?« fragt Janosch.

»Zusammen«, bestätige ich.

Wir drängen uns durch die Reihen. Ich sehe inzwischen schon alles dreifach. Janosch stützt mich. Wir zittern. Vor der Bühne bleiben wir stehen. Angélique hat ihr Jackett abgeworfen. Sie trägt nur noch ein getigertes Bikini-Oberteil. Ihre Haut glänzt. Mir kommt es fast. Ich spüre den Boden unter mir nicht mehr. Janosch umklammert meine Schulter. Er versucht, mit Angélique Blickkontakt aufzunehmen. Mein Kopf glüht. Das Bikini-Oberteil fällt auf den Boden. Ich sehe Angéliques Titten. Am liebsten möchte ich sterben. Sie sind wie zwei Pfirsiche. Rund und schön. Die Brustwarzen sind dunkelrot. Das Publikum grölt. Florian und die anderen kommen nach vorne gelaufen. Der dicke Felix stürzt mir etwas in den Rachen hinein. Es schmeckt nach Anis. Das Gebräu brennt in meinem Hals. Florian und Troy schubsen mich auf die Bühne.

Janosch kommt hintendrein geflogen. Das Publikum lacht. Die zehn Mark zittern in meiner Hand. Ich sitze nun auf den Knien. Angéliques Bauchnabel bewegt sich vor mir. Ich sehe ihre schweißige Haut. Rieche sie fast. Angélique legt meine Hände um ihre Hüften. Sie versinken darin. Ihre Titten scheinen sich nach rechts und links auszuweiten. Meine Stirn stößt gegen ihren Bauch. Hinten im Publikum ist ein zorniger, alter Mann aufgestanden. »Wem gehören diese Kinder?« fragt er. »Wischt sie von der Bühne herunter!«

Sambraus hebt seine Hand. »Sie gehören zu mir.«

Der zornige Mann schweigt. Verdrossen setzt er sich auf seinen Barhocker zurück.

»Nun mach schon!« sagt Janosch. Seine Stimme zittert. Wild schüttelt er den Kopf. Dreht ihn nach hinten. Seine Hand streicht über den Boden. »Wir schaffen das.«

Langsam richtet er sich auf. Ich fahre mit der Hand um Angéliques Bauchnabel herum. Der Zehnmarkschein macht jede Bewegung mit. Nach und nach fahre ich tiefer. Stecke meinen kleinen Finger in ihren Slip. Ziehe ihn ein wenig von der Haut ab. Janosch atmet tief ein. Ich zerre den Slip ganz weit nach unten und werfe das Geld hinein. Für einen Augenblick belasse ich es bei dieser Stellung. Ich betrachte Angéliques Fotze. Ich sehe sie nur verschwommen. Ihre Schamhaare sind schwarz. Zu einem Pfeil rasiert. Janosch beugt sich über mich. Auch er wirft einen Blick in den Slip hinein. Ich entferne meinen kleinen Finger. Lasse den Slip zurückfahren. Rasch klatscht er auf ihrer Haut auf. Ich rutsche von der Bühne herunter. Mir ist schlecht.

Die Musik explodiert in meinen Ohren. Tausend Leute drängen sich an die Bühne heran. Ich sehe sie noch als Schattenfiguren. Sehe Janosch, wie er von der Bühne herunterfällt. Er lacht dabei schallend. In einer Ecke sitzt Troy. Vor ihm steht ein Weißbierglas. Er betrachtet Angélique, die gerade ihren Slip in das Publikum wirft. In der gleichen Ecke sitzt der dicke Felix. Vor ihm steht ein riesiger Schweinebraten. Er grinst über beide Ohren.

»Was will man mehr?« fragt er. »Schöne Frauen und gutes Essen. Ich glaube, ich bin im Paradies.«

Er stopft sich eine Gabel voll mit Schweinefleisch in den Mund. Troy lacht.

»Ihr wißt schon, daß ihr die Besten seid, oder?« frage ich. »Die Besten, die ich je hatte.«

»Ja, ja«, erwidert Kugli. »Das wissen wir. Du bist betrunken.«

»Vielleicht bin ich das«, entgegne ich. »Aber ihr wißt, daß ihr die Besten seid. Die Besten, die ich je hatte.«

»Ja – und du bist auch der Beste, den wir je hatten«, sagt Kugli genervt. »Das wissen wir!«

»Du bist sogar der Allerbeste«, wirft Troy ein. Er lacht wieder.

»Wir sind alle die Besten«, erwidere ich. »Helden. *Crazy.*«

III. Didaktische Anregungen

Bei fast allen hier versammelten Texten hat man es mit einer Ich-zentrierten Darstellungsform zu tun: Es fehlt also in den meisten Fällen eine literarische Vermittlungsinstanz, dadurch laden die Texte zu einer Lesart ein, die Darstellung und Dargestelltem in der Regel weniger kritisch gegenübersteht. Trotz dieses affektiven Potenzials besitzt Popliteratur, das sollte nicht vergessen werden, nicht die sinnliche Dimension von Popmusik, kann auch nicht mit der Suggestivität filmischer Bilder konkurrieren. Gerade die ›Langsamkeit‹ des Mediums Literatur bietet damit aber die Möglichkeit, den doch meist identifikatorischen Zugang Jugendlicher zu Musik, Mode und Lebensstilen zu hinterfragen, ohne ihn damit gleich zu diskreditieren. Pop gründet immer auch auf einem Einverständnis mit der Welt. Hier ist der Lehrende gefordert, seine Fragen an den Text mitunter quer zu der Lektüre der jugendlichen Leser zu formulieren. Andererseits muss der Lehrende auch bereit sein, seine eigenen Ansichten über Formen des Protestes und des Andersseins zu ändern und seine Erfahrungen zu revidieren. Die heutigen Lehrer, die selber einmal (Jung-)Leser von Salinger, Brinkmann oder Wondratschek gewesen sind, müssen sich darauf einstellen, dass in den Texten jüngeren Datums andere Stilpräferenzen zum Ausdruck kommen. Dies bietet aber die Chance, mit den Schülern in einen spannenden Dialog zu treten.

Nach vier Themenschwerpunkten sind die hier versammelten Texte zu Gruppen geordnet, wobei sich natürlich Überschneidungen ergeben, manche Texte auch zu verschiedenen Aspekten befragt werden können. Nur der erste Themenschwerpunkt ist im engeren Sinne dem Gemachtsein, der Struktur und den Verfahren von Popliteratur gewidmet; die anderen sind eher thematisch ausgerichtet.

Ästhetik, Poetik und Selbstreflexion von Popliteratur –
Wahrnehmung von Welt und Wirklichkeit im Zeichen
von Schnelllebigkeit und Oberfläche

Popliteratur sucht mit ihren eigenen Mitteln popkulturelle Erfahrungen zu spiegeln und zu steigern, aber auch ästhetisch zu brechen und zu reflektieren. Poetologisch lassen sich damit zwei divergierende Zielsetzungen festmachen: zum einen die *Wiedergabe* und *Simulation* von Erfahrungen, zum anderen eine *Neubearbeitung* und *Verfremdung* des alltäglichen Zeichenmaterials.

Sofern man sich bei der Konzeption einer Unterrichtseinheit nicht an die historische Abfolge halten will, bietet sich als Einstiegstext Alexa Hennig von Langes *Relax* (23) an. Hier werden Themen Jugendlicher (Drogen, Musik, Mode, Sexualität etc.) angeschnitten und ein jugendsprachlicher Jargon benutzt, was die Attraktivität des Textes für junge Leser ausmacht. Interessanterweise wird eine recht moderne Form des Erzählens, nämlich der Monolog, gewählt. Die Wahl dieses vermittlungslosen und gegenwartsbezogenen Erzählens besitzt hier aber zugleich eine inhaltliche Motivation, denn der Monolog drückt die Selbstbezogenheit und Isolation der Protagonisten aus. Es drängt sich die Frage auf, mit welchen moralischen Kategorien die hedonistische Lebensform der Protagonisten bewertet wird. Kontrastiv ließe sich Benjamin Leberts Roman *Crazy* (25) behandeln, in dem auf formal weitaus eingängigere Weise von sinnlich-körperlichen Sehnsüchten erzählt wird. Obwohl es in diesem Adoleszenz-Roman um die Sinnsuche eines pubertierenden und unsicheren Außenseiters geht, strotzt es in den Reflexionen und Dialogen nur so vor Altklugheiten. Dieser Widerspruch kann im Unterricht eine Diskussion darüber auslösen, ob die Eigenheiten jugendlicher Denk- und Sprachformen in einem fiktionalen Text überhaupt adäquat zu erfassen sind. Denn einer fiktionalen Geschichte unterstellt man immer auch eine Form von ›verborgener‹ Sinnhaftigkeit, was in dieser Form in einem faktualen Text nicht der Fall ist. Daher könnten zum Vergleich die eher journalistisch-essayistischen Texte von Stefanie Flamm (22) oder Benjamin von Stuckrad-Barre (24) nach den Kriterien Glaubwürdigkeit und Authentizität befragt werden.

Dass Popliteratur nicht nur situations- und gegenwartsgebundene Erfahrungen *abzubilden* versucht, sondern sich selber zu einem *Ereignis* stilisieren kann, zeigt sich in den Texten von Rainald Goetz: *Hard Times, Big Fun* (15) versucht mit verschiedenen Ausdrucksmodi und Sprechweisen eine mündlich-spontane und doch auch reflektierte Situation zu simulieren. Mit seiner von bekennerhafter Ernsthaftigkeit und zitathafter Ironie geprägten Redeweise grenzt sich der Text gleich auf doppelte Weise von denjenigen Intellektuellen ab, für die die Love Parade in Berlin eine niveaulose und konsumistische Massenveranstaltung darstellt. Der Text bekundet seine Sympathie für die Love Parade argumentativ *und* performativ, möchte sich damit einer rein kontemplativen Herangehensweise an das Thema systematisch entziehen. Die Frage wäre hier: Muss und kann Literatur die ekstatischen und sinnlichen Erfahrungen einer Party überhaupt imitieren oder gar erzeugen? Denn trotz seiner ungewöhnlichen Form wird der Text *als* Text und nicht als Party wahrgenommen; immerhin wurde der Text zuerst im Feuilleton abgedruckt. Hier schließt sich die Frage nach der Zielgruppe an: Im Text wimmelt es von Anspielungen, die der ›normale‹ Besucher der Love Parade nicht unbedingt entziffern kann.
In Goetz' Text werden unterschiedliche Stillagen hart gegeneinander gesetzt, mit dem Ziel, beim Leser die Wirkung eines offenen und spontanen sprachlichen Gebildes zu erzeugen. Dass diese artifiziellen Elemente durchaus dem entgegengesetzten Ziel dienen können, nämlich beim Leser Distanz und Reflexion freizusetzen, lässt sich an den Texten von Peter Handke verdeutlichen. In seinen frühen Gedichten verbindet sich ein sprachreflexiver An-

satz mit einer Material-Ästhetik. In der *Aufstellung des 1. FC Nürnberg* (8) werden bekannte Namen von Fußballspielern vor Augen gestellt, jedoch zeigt die übliche Anordnung in Verteidigung, Mittelfeld und Sturm eine typische lyrische Formatierung. In *Der Text des rhythm-and-blues* (9) hat Handke die Struktur und die Ausdrucksintensität eines Rocksongs der Rolling Stones zum Vorbild genommen. Bei der literarischen Bearbeitung wird der Song seiner Natürlichkeit beraubt, die repetitive Struktur, im Rocksong ein relativ verbreitetes Verfahren, wirkt im Falle eines verschriftlichten Textes eher irritierend. Um diesen Kontrast von Poplyrik und Rocksong zu verdeutlichen, könnte zum Vergleich der Rolling Stones-Song *I am going home* (auf dem Album *Aftermath*) herangezogen werden.

Die bislang erwähnten poetologischen Schwerpunkte *Wirklichkeitsnähe*, *Performanz* und *Artifizialität* finden sich bei annähernd gleicher Gewichtung alle bei Rolf Dieter Brinkmann. Besonders in seinen Gedichten offenbart sich ein von neuen Medien und Reproduktionstechniken geprägter und inspirierter Blick auf Wirklichkeit. So bemüht sich der Lyriker in *Photographie* (4) um die optisch-präzise Wiedergabe eines Wirklichkeitsmoments. Das Lyrische wird damit seiner tradierten Metaphernlastigkeit enthoben; das vordergründig Formlose dient jedoch keineswegs einer planen und unreflektierten Wiedergabe von Realität. *Graham Bonney oder das komplizierte Gefühl* (5) ist ein Gedicht mit Versen und Strophen, doch im Kern eine kurze Erzählung über eine Begegnung, die eine Reflexion über den deutsch-englischen Schlagerstar ausgelöst hat. Dass es nicht nur eine ausgedachte Geschichte ist, wird durch bestimmte Authentizitätssignale (»Helmut Pieper«) unterstrichen. Auch der Vergleich Graham Bonney – Jesus Christus hat nicht den Charakter einer lyrischen Ähnlichkeitsbeziehung, stattdessen soll der Vergleich die Unangemessenheit einer Vergötterung von

Schlagerstars zeigen. Die Kritik an der Trivialität des Schlagers ist aber eine zögerliche. Was verbirgt sich hinter einer massenmedial produzierten Oberfläche (Schlagerstar), gibt es eine erfahrbare Wahrheit und sollte der Konsument – hier zwei popgeprägte Beobachter, die mit Schlagermusik eigentlich nichts anfangen können – überhaupt den Blick hinter die Fassade wagen? Der *Nachtrag zu dem Gedicht über Graham Bonney etc.* (6) greift die Aspekte des Gedichtes auf und erzählt den realen Kontext der Entstehung. Der Widerspruch von medialer ›fiktionaler‹ Oberfläche und realer Alltagswahrnehmung wird nicht zugunsten *einer* Wahrheit aufgelöst. Im Unterricht könnte am Anfang der Besprechung stehen, warum Brinkmann gerade einen Star der Schlagerszene zum Anlass für eine poetologische Erörterung nimmt. Angesichts der Tatsache, dass in den 90er-Jahren die Schlagerszene der 60er- und 70er-Jahre ein bemerkenswertes Revival auch in popintellektuellen Kreisen erlebt hat, könnte die Diskussion zu der Frage führen, ob die Bejahung oder Akzeptanz selbst trivialster Phänomene möglicherweise durchaus kritischen Charakter hat. Hierzu lassen sich kontrastiv die Texte *Super-Fan* (14) von Jörg Gülden oder *Rock 'n' Roll Freak* (10) von Wolf Wondratschek heranziehen; denn in diesen Texten taucht ein Begriff von authentisch-fanatischem ›Fan‹tum auf, das für die Rockkultur weitaus symptomatischer ist.

Dass Literatur nicht unbedingt in Konkurrenz zur Musik und zum Nightlife treten muss, sondern mit ihren eigenen Methoden popkulturelle Muster hinterfragen und ironisieren kann, ohne damit ihre Popularität einzubüßen, zeigt sich in den Gedichten von Robert Gernhardt. In seinem Anti-Sonett *Sonette find ich sowas von beschissen* (3) treffen eine klassische Gedichtform und ein jugendlich-salopper Denk- und Redestil aufeinander. Auf humoristische Weise formuliert *und* inszeniert das Gedicht die Grenzen des Anspruches, sich von gesellschaftlich-kulturellen Konventionen zu distanzieren. In Ernst Jandls Gedicht *oberflächenübersetzung* (1) wird mit dem Gleichklang von englischen und deutschen Wörtern gespielt. Obwohl der Text das Prinzip einer Übersetzung ad absurdum führt, so wird doch vorgeführt, dass auch die reine sprachliche Oberfläche interessante, wenn auch ungewollte semantische Effekte hervorzubringen vermag. Max Goldts Gedicht *Ein Eimer Erbsen mittelfein* (17) persifliert das moralinsaure Kunstverständnis alternativer und friedensbewegter Kreise; die Überspitzung des Jargons, der Automatismus der Auslegung, der Umschlag des Nachdenklichen ins Lächerliche erinnert an frühere Literaturströmungen wie Dadaismus oder Surrealismus. In dem Text *Junger Mann, der sich eine Schallplatte gekauft hat* (16) reflektiert Goldt darüber, wie eine Geschichte entsteht und auch immer wieder verworfen werden kann. Damit führt er auf amüsante Weise vor, wie selbst absurdeste Gedankenspiele zu einer sich abrundenden Erzählung führen können, in der sich alltägliche Beobachtungen der Popkultur mit (trivial)literarischen Motiven und Themen mischen.

Außer über ästhetische und poetologische Aspekte wird in einigen Texten auch selbstreflexiv über allgemeine Aspekte des Schreibens und Rezipierens von Literatur räsoniert. Diese Selbstreflexivität findet sich auch in Jörg Fausers *Koppstoff* (13); hier wird von der Schreibhemmung des Helden erzählt, der zwar alle äußerlichen Kriterien des Schriftstellerdaseins erfüllt, gleichwohl aber als Spätgeborener vor der Last des Geschriebenen kapituliert. Auch in Rolf Dieter Brinkmanns Gedicht *Schreiben, realistisch gesehen* (7) wird die konkrete Schreibsituation thematisiert: Der Schriftsteller sieht sich mit einer Vielzahl von möglichen literarischen Themen und Formen konfrontiert, die er aber mehr ironisch anzitiert als wirklich in Erwägung zieht. Hinter der zynischen Haltung des Popliteraten, der sich über die weisen Ratschläge seiner Umwelt einfach hinwegsetzt, deutet sich aber eine wirkliche

Schaffenskrise an: Auch die oftmals beschworene Wirklichkeit hat möglicherweise irgendwann als unerschöpfliche Inspirationsquelle ausgedient.

Ein durchaus ungewöhnliches Beispiel popliterarischen Schreibens stellt der Text *Grimmelshausenvariation (slight return)* (18) von Georg Martin Oswald dar. Bereits im Titel wird ein intertextueller Bezug zum Œuvre des wohl bedeutendsten deutschen Barockdichters hergestellt. Oswalds Text übernimmt eine berühmte Episode aus dem ersten Buch des *Abentheurlichen Simplicissimus Teutsch* (1669), in dem Grimmelshausens pikaresker Held erzählt, wie der elterliche Hof von marodierenden Truppen brutal überfallen wird. Der hintergründige Humor von Oswalds Text besteht nun darin, dass die Welt des Dreißigjährigen Krieges auf die Gegenwart übertragen wird: Aus den hinterwäldlerischen Bauern sind Hippies, aus den marodierenden Soldaten Rocker der »Black Devils« geworden. Der naive Blick des Erzählers auf die Welt beleuchtet auf ironische Weise die Absurdität und die Rohheit subkultureller Lebensformen. Hier bietet sich für den Unterricht natürlich ein direkter Vergleich von Original und Neufassung an.

Grenzerfahrung – Grenzüberschreitung – utopische Räume

Mit Grenzen können räumlich-soziale, politische, aber auch Grenzen im Bewusstsein und der Wahrnehmung gemeint sein. Hier wäre zu zeigen, welche Freiräume und Utopien in den Texten erkundet oder auch vergeblich gesucht, wie sie bewertet werden, inwiefern die Gesellschaft mit ihren normativen Ansprüchen dem entgegensteht, inwiefern aber auch die zunehmende Durchdringung der Welt mit popkulturellen Stilen, Verfahren und Themen überhaupt noch eine Art von Widerstand ermöglicht. In Jürgen Theobaldys Gedicht *Bilder aus Amerika* (12) reflektiert das lyrische Ich über verschiedene Images des Landes der ›unbegrenzten Möglichkeiten‹. Das Bild der Freiheit wird konterkariert durch das Bild einer von politischen und gesellschaftlichen Konflikten gezeichneten Gesellschaft. Beides sind Bilder – dahinter zu schauen ist dem Ich nicht vergönnt. In Jörg Fausers *Rohstoff* (13) handelt es sich um eine geographische wie auch psychische Überschreitung, die jedoch überraschenderweise nüchtern und ungeschönt wiedergegeben wird. Den Junkie, offensichtlich ein Alter ego des Autors, verschlägt es Ende der 60er-Jahre bis nach Istanbul. Dort registriert er, dass das Anderssein, das Erproben neuer Lebensformen nicht nur in körperlich-seelische Qualen umschlagen kann, sondern zugleich zu einer Mode unter jungen Leuten mutiert ist. In Alexa Hennig von Langes Roman *Relax* (23) fehlt diese kritisch-humoristische Distanz, hier kann die monologisch-unmittelbare Erzählform nur die Erlebnisgegenwart unter Pillen- und Alkoholeinfluss stehender Technofans wiedergeben. Benjamin Leberts autobiographischer Roman *Crazy* (25) erzählt u. a. von dem Ausreißversuch einiger Internatsschüler. Der Erzähler, der halbseitig gelähmte Benjamin, erfährt den Trip in ein Stripteaselokal als eine wenn auch nur kurzzeitige Flucht von Schulstress und Ausgegrenztsein.

Generationen- und Milieubildung in der Popkultur

Soziologen sprechen gerne von der ›Selbstsozialisation‹ heutiger Jugendlicher, was heißen soll, dass Eltern und Lehrer als Sozialisationsinstanzen weitgehend abgedankt haben. Stattdessen suchen junge Menschen über Stile, Verhaltensweisen und Identitätsentwürfe, die sie gemeinsam mit und in Abgrenzung von ihren Altersgenossen ausloten und erproben, ihren Platz in oder außerhalb der Gesellschaft. In den Erzählungen der Popliteratur sind nur sel-

ten – Benjamin Leberts Roman *Crazy* (25) ist eine Ausnahme – Muster des Adoleszenz- oder Bildungsromans zu
finden. Stattdessen überwiegt die gegenwarts- und milieu-
zentrierte Wahrnehmung von Lebensstilen. Zu fragen
wäre hier, wo hinter dieser Einteilung der Welt in Ge-
schmacks- und Benutzergruppen bestimmte altersbeding-
te Sozialisationsprozesse durchschimmern. Jörg Gülden,
Rockjournalist, erzählt in *Super-Fan* (14) die merkwürdig
anmutende Geschichte eines Rockfans, dessen Leben sich
komplett in der Welt der Livekonzerte abspielt. Wie eine
mythische Figur taucht er an verschiedenen Plätzen auf
und spult sein Programm des Imitierens von Gitarristen-
posen ab, wobei er diese in puncto Ausdrucksintensität
oftmals übertrifft. Ob der ›Freak‹ hier ironisiert wird oder
als Vorbild an Konsequenz gilt, bleibt unentschieden. In
F. C. Delius' *Einsamkeit eines alternden Stones-Fans* (11)
wird die Paradoxie des Älterwerdens derjenigen vorgeführt, die sich qua ihrer Zugehörigkeit zur Rockkultur mit
dem Nimbus der ewigen Jugend ausgestattet sehen. Dass
die Sozialisation mit Pop und Rock nicht nur nostalgisch,
sondern auch (pop-)kritisch verarbeitet wird, zeigt sich
beim Satiriker Max Goldt. In seinem Text *Junger Mann,
der sich eine Schallplatte gekauft hat* (16) wird der Besuch
eines Insider-Plattengeschäfts für denjenigen zur Tortur,
der den Ansprüchen der Wortführer innerhalb der Szene
gerecht werden will. Einen ähnlich entlarvenden Blick auf
die Jugendkultur findet man bei Wiglaf Droste. Er be-
treibt in seinem Text *Späte Rache oder The Köln Concert*
(19) so etwas wie eine Kritik an den Konventionen innerhalb der Pop- und Jugendkultur. Der zynische Blick des
Satirikers enthüllt die stereotype Umgangsweise mit Pro-
dukten der Alternativkultur, den Fetischcharakter von lieb
gewonnenen Ritualen, aber auch den Zwang des Zeitgenossen, sich diesen Regeln zu unterwerfen. Wenngleich
Droste hier von persönlichen Erfahrungen eines in den
70er-Jahren aufgewachsenen Popfans berichtet, lassen sich
auch in der zeitgenössischen Jugendkultur ähnliche Phä-

nomene feststellen. Zu fragen wäre auch: Kann und will
sich der kritische Betrachter überhaupt dem Geschmacks-
diktat der Massen entziehen? Ist nicht auch die Kritik am
Geschmack anderer ein eigenes Moment der Popkultur?

Leben in der Differenzgesellschaft –
Dissidenz und Abweichung durch Lifestyle(s)

Die heutige Popkultur stellt nach Meinung von Kultursozi-
ologen und Poptheoretikern ein gewichtiges, wenn nicht
gar das vorherrschende kulturelle Paradigma der heutigen
postindustriellen Gesellschaft dar. Damit ist zugleich das
subversive und emanzipatorische Potenzial geschwunden.
Diese Entwicklung lässt sich recht anschaulich rekonstru-
ieren: In Volker Plenzdorfs *Die neuen Leiden des jungen
W.* (2) sind die Jeans noch ein Kleidungsstück, dem Sub-
version, Andersartigkeit und Jugendlichkeit anhaftet. Da
der Text eine DDR-spezifische Form des Protestes vor-
führt, lassen sich hier gleichwohl interessante Brechungen
zeigen. Der deutliche Zusammenhang von Jeans und Protest, damit von Zeichen und Zeicheninhalt, hat sich in den
80er- und 90er-Jahren weitgehend verflüchtigt. Der eher
spielerische Umgang mit den popkulturellen Zeichen und
die daraus resultierende Option, sich selbst über Formen
des Andersseins und der Ironie zu inszenieren, sind spätestens in den 90er-Jahren feste Bestandteile des öffentlichen Lebens in Politik, Wirtschaft und Alltag. In Stepha-
nie Flamms Essay mit dem programmatischen Titel *Lifestyle ist alles, was uns bleibt* (22) wird das Sittengemälde
einer Generation umrissen, deren letztes Residuum der
sich über Stil und Mode definierende Individualismus ist.
Dieser Ästhetizismus wird zugleich als defizitär empfunden. Warum kritisiert die Verfasserin nun genau die Vorliebe ihrer Generation für den subkulturellen Stil? Was
heißt es, dass der »Aufstand gegen die Väter und Mütter
ohnehin nur noch metaphorisch ist«? Ein ähnliches Sitten-

gemälde entwirft Benjamin von Stuckrad-Barre in seinem Text *Ironie* (24), nur geht es ihm ganz praktisch darum, wie man mit der universell gewordenen Ironie umgeht. Ironie wird hier als künstlerisches und alltagspraktisches Verfahren verstanden, bei der das Klischeehafte und Stereotype zugleich bejaht und verneint wird. Stuckrad-Barre schildert die Paradoxien, die sich ergeben können, wenn man dem zeitgeistgemäßen Zitieren entfliehen und nicht mehr ironisch sein will. Christian Kracht begutachtet in *Faserland* (21) von einer anderen Warte aus das Design und das Styling der Welt. Ihm erscheint die Durchschnittlichkeit deutscher Nach-68er-Befindlichkeiten als empörend, wenngleich sein Protest ein eher verhaltener ist. Vielmehr wird hier eher die Flucht, das Nicht-mehr-agieren-Müssen als Strategie gewählt. Der Text des deutschtürkischen Schriftstellers Feridun Zaimoglu (20) ist eine Art von Rollenprosa, bei der der Autor einer Rapperin seine Stimme leiht. Diese eigentümliche Redeweise, in der sich Gossensprache, Rap und Türkisch mischen, zeugt von dem Versuch, jenseits der saturierten und narzisstischen Lebensform deutscher Jugendlicher, aber auch jenseits von Relativismus und Selbstironie der Popintellektuellen eine eigene und kritische Form der Jugendkultur zu reklamieren.

IV. Quellenverzeichnis

Ernst Jandl: oberflächenübersetzung (1). In: E. J., Gesammelte
Werke 1. Darmstadt und Neuwied: Luchterhand 1985. S. 321.

Ulrich Plenzdorf: Die neuen Leiden des jungen W. (2). (Ausschnitt.) Frankfurt a. M.: Suhrkamp 1976. S. 26–39.

Robert Gernhardt: Sonette find ich sowas von beschissen. (Materialien zu einer Kritik der bekanntesten Gedichtform italie-
nischen Ursprungs) (3). In: R. G., Gedichte 1954–1997. Frankfurt a. M.: Zweitausendeins 1996. S. 116. © Haffmans Verlag,
Zürich.

Rolf Dieter Brinkmann: Photographie (4); Graham Bonney oder
das komplizierte Gefühl (5); Nachtrag zu dem Gedicht über
Graham Bonney (6); Schreiben, realistisch gesehen (7). In:
R. D. B., Standphotos. Gedichte 1962–1970. Reinbek bei Hamburg: Rowohlt 1980. S. 52, 233, 279, 64.

Peter Handke: Die Aufstellung des 1. FC Nürnberg (8); Der Text
des rhythm-and-blues (9). In: P. H., Die Innenwelt der Außenwelt der Innenwelt. Frankfurt a. M.: Suhrkamp 1969. S. 36, 59.

Wolf Wondratschek: Rock 'n' Roll Freak (10). In: W. W., Gedichte.
Zürich: Diogenes Verlag 1992. S. 40.

F. C. Delius: Einsamkeit eines alternden Stones-Fans (11). In:
F. C. D., Ein Bankier auf der Flucht. Gedichte und Reisebilder.
Berlin: Rotbuch Verlag 1975. S. 14 f.

Jürgen Theobaldy: Bilder aus Amerika (12). In: J. Th., Zweiter
Klasse. Gedichte. Berlin: Rotbuch Verlag 1976. S. 9.

Jörg Fauser: Rohstoff (13). (Ausschnitt.) Frankfurt a. M. [u. a.]:
Ullstein Verlag 1984. S. 7–14.

Jörg Gülden: Super-Fan (14). In: Das Rowohlt Lesebuch der
Rockmusik. Hrsg. von Klaus Humann. Reinbek bei Hamburg:
Rowohlt 1984. S. 136–143.

Rainald Goetz: Hard Times, Big Fun (15). In: R. G., Celebration.
90s Nacht Pop. Frankfurt a. M.: Suhrkamp 1999. S. 203–235.

Max Goldt: Junger Mann, der sich eine Schallplatte gekauft hat
(16); Ein Eimer Erbsen mittelfein (17). In: M. G., Die Radiotrin-
kerin. Zürich: Haffmans 1991. S. 140–146, 90.

Georg Martin Oswald: Grimmelshausenvariation (slight return)
(18). In: Trash-Piloten. Texte für die 90er. Hrsg. von Heiner
Link. Leipzig: Reclam 1997. S. 119–127.

Wiglaf Droste: Späte Rache oder: The Köln Concert (19). In: W. D., Brot und Gürtelrosen und andere Einwürfe aus Leben, Literatur und Lalala. Berlin: Bittermann. S. 13–17.

Feridun Zaimoglu: Ich bin n taffer Liberalkiller (20). In: F. Z., Koppstoff. Kanaka Sprak vom Rande der Gesellschaft. Hamburg: Rotbuch Verlag 1998. S. 11–15.

Christian Kracht: Faserland (21). (Ausschnitt.) Köln: Kiepenheuer & Witsch 1995. S. 56–68.

Stefanie Flamm: Lifestyle ist alles, was uns bleibt (22). In: Kursbuch: Der Generationenbruch. 121 (1995) S. 20–25.

Alexa Hennig von Lange: Relax (23). (Ausschnitt.) Reinbek bei Hamburg: Rowohlt 1999. S. 304–314.

Benjamin von Stuckrad-Barre: Ironie (24). In: B. v. S.-B., Remix. Texte 1996–1999. Köln: Kiepenheuer & Witsch [3]1999. S. 84–92.

Benjamin Lebert: Crazy (25). (Ausschnitt.) Köln: Kiepenheuer & Witsch 1999. S. 153–165.

V. Literaturhinweise

1. Anthologien

Mesopotamia. Ein Avant-Pop-Reader. Hrsg. von Christian Kracht. München 1999.

Poetry! Slam! Texte der Pop-Fraktion. Hrsg. von Andreas Neumeister und Marcel Hartges. Reinbek bei Hamburg 1996.

Rawums. Texte zum Thema. Hrsg. von Peter Glaser. Köln 1984.

Supergarde. Prosa der Beat- und Pop-Generation. Hrsg. von Vagelis Tsakiridis. Düsseldorf 1969.

Thank You Good Night. Hrsg. von Bodo Morshäuser. Frankfurt a. M. 1985.

Trash-Piloten. Texte für die 90er. Hrsg. von Heiner Link. Leipzig 1997.

Wir Kinder von Marx und Coca-Cola. Gedichte der Nachgeborenen. Hrsg. von Frank Brunner, Arnim Juhre und Heinz Kulass. Wuppertal 1971.

2. Sekundärliteratur

Baßler, Moritz: Der deutsche Pop-Roman. Die neuen Archivisten. München 2002.

Ernst, Thomas: Popliteratur. Hamburg 2001.

Frank, Dirk: Jugend und Jugendkultur im zeitgenössischen Film. In: Der Deutschunterricht 54 (2002) H. 2. S. 85–95.

– Propheten und Nostalgiker. Reflexivität in der Pop-Literatur der Gegenwart. In: Literatur und Identität. Hrsg. von Christoph Parry, Liisa Voßschmidt und Detlev Wilske. Vaasa 2000. S. 264–276.

– »Talking about my generation«: Generationskonflikte in der Pop-Literatur der Gegenwart. In: Der Deutschunterricht 52 (2000) H. 5. S. 69–85.

Hermand, Jost: Pop International. Eine kritische Analyse. Frankfurt a. M. 1971.

Köhnen, Ralph: Selbstbeschreibungen jugendkultureller Lebensästhetik. Benjamin Leberts *Crazy* und Benjamin v. Stuckrad-Barres *Soloalbum*. In: Deutschunterricht 52 (1999) H. 5. S. 337–347.

Oswald, Georg M.: Wann ist Literatur Pop? Eine empirische Ant-
    wort. In: Wieland Freund / Winfried Freund (Hrsg.), Der deut-
    sche Roman der Gegenwart. München 2001. S. 29–43.
Schäfer, Jörgen: Pop-Literatur. Rolf Dieter Brinkmann und das
    Verhältnis zur Populärkultur in der Literatur der sechziger Jah-
    re. Stuttgart 1998.
Schwander, Hans-Peter: »Dein Leben ist eine Reise mit dem Ziel
    Tod …« Tod in der neuen Pop-Literatur. In: Der Deutschunter-
    richt 54 (2002) H. 1. S. 72–84.
Ullmaier, Johannes: Von Acid nach Adlon und zurück. Eine Reise
    durch die deutschsprachige Popliteratur. Mainz 2001.
Winkels, Hubert: Grenzgänger. Neue deutsche Pop-Literatur. In:
    Sinn und Form 51 (1999) H. 4. S. 581–610.

Arbeitstexte für den Unterricht

Ästhetik. 180 S. UB 9592

Amerikanische Kurzgeschichten. 168 S. UB 15043

Anekdoten. 96 S. UB 15004

Anleitung zur Abfassung literaturwissenschaftlicher Arbeiten. 99 S. UB 9504

Antike Mythen in moderner Prosa. 83 S. UB 9593

Argumente und Parolen. Politische Propaganda im 20. Jahrhundert. 112 S. UB 9518

Außenseiter-Geschichten. 96 S. UB 15032

Detektivgeschichten für Kinder. 96 S. UB 9556

Deutsche Autorinnen des 20. Jahrhunderts. 231 S. UB 15051

Deutsche Balladen. 144 S. UB 9571

Deutsche Gegenwartslyrik. Eine poetologische Einführung. 142 S. UB 15010

Deutsche Kriminalgeschichten der Gegenwart. 192 S. UB 15019

Deutsche Kurzgeschichten.
– 2.-3. Schuljahr. 71 S. 5 Abb. UB 9528
– 4.-5. Schuljahr. 80 S. 5 Abb. UB 9529
– 5.-6. Schuljahr. 79 S. UB 9505
– 7.-8. Schuljahr. 80 S. UB 9506
– 9.-10. Schuljahr. 80 S. UB 9507
– 11.-13. Schuljahr. 87 S. UB 9508

Deutsche Kurzgeschichten II.
– 5.-6. Schuljahr. 93 S. UB 15007
– 7.-8. Schuljahr. 92 S. UB 15008
– 9.-10. Schuljahr. 77 S. UB 15011
– 11.-13. Schuljahr. 95 S. UB 15013

Deutsche Liebesgedichte. 94 S. UB 9590

Deutsche Literatur des Mittelalters. 208 S. UB 9568

Deutsche Naturgedichte. 88 S. UB 15001

Deutsche Sagen. 183 S. 25 Abb. UB 9535

Deutsche Sprache der Gegenwart. 166 S. UB 9531

Deutsche Sprachgeschichte.
190 S. UB 9582

Deutsche Sprichwörter und
Redensarten. 199 S. 31 Abb.
UB 9550

Einführung in die Verslehre.
192 S. UB 15037

Entscheidung. Zehn Erzählungen. 80 S. UB 15035

Ethik. 167 S. UB 9565

Fabeln. 84 S. UB 9519

Formen der Erzählung vom
Beginn der Moderne bis zur
Gegenwart.
1: Nietzsche bis Kafka. 168 S.
UB 15040
2: Broch bis Botho Strauß.
166 S. UB 15041

Formen der Lyrik. 216 S.
UB 15046

Funktionen der Sprache. 126 S.
UB 9516

Gedichte der Romantik. 77 S.
UB 15023

Gedichte des Barock. 152 S.
19 Abb. UB 15027

Gedichte des Expressionismus.
86 S. UB 15024

Gedichte des Sturm und Drang
und der Klassik. 174 S.
10 Abb. UB 15036

Generationen. Geschichten
und Gedichte über Junge und
Alte. 102 S. UB 15042

Geschichten vom Erwachsen-
werden. 78 S. UB 9598

Geschichten zum Philosophie-
ren. 152 S. UB 15033

Glück. 115 S. 1 Abb. UB 9575

Glück und Moral. 184 S.
UB 9600

Grimms Märchen – modern.
Prosa, Gedichte, Karikaturen.
154 S. 25 Abb. UB 9554

Herrschaft durch Sprache.
Politische Reden. 150 S.
UB 9501

Holocaust-Literatur.
Auschwitz. 232 S. UB 15047

Die Juden. Vorurteil und Verfol-
gung im Spiegel literarischer
Texte. 155 S. UB 9596

Jugendlyrik. 176 S. UB 15049

Kleine Schule des philosophischen Fragens. 108 S.
UB 15028

Kreative Spiele. 172 S.
UB 15044

Kriminalgeschichten. 88 S.
UB 9517

Kriminalgeschichten II. 160 S.
UB 15039

Kürzestgeschichten. 79 S.
UB 9569

Lehrzeit. Erzählungen aus der
Berufswelt. 160 S. UB 9558

Liebesgeschichten. 88 S.
UB 9573

Literarische Wertung. 188 S.
UB 9544

Märchen. 160 S. 9 Abb.
UB 15017

Märchenanalysen. 180 S.
UB 9532

Mensch und Technik. 160 S.
UB 15020

Metaphorischer Sprach-
gebrauch. 111 S. UB 9570

Methoden der Interpretation.
207 S. UB 9586

Motivgleiche Gedichte. 155 S.
UB 15038

Parabeln. 80 S. UB 9539

Parodie. Deutsche Literatur-
und Gebrauchsparodien mit
ihren Vorlagen. 80 S.
UB 9521

Phantastische Geschichten.
96 S. UB 9555

Philosophie und Sprache.
173 S. UB 9563

Philosophische Anthropolo-
gie. 168 S. UB 15012

Politische Lyrik. Deutsche
Zeitgedichte des 19. und
20. Jahrhunderts. 88 S.
UB 9502

Popliteratur. 172 S. UB 15053

Presse und Pressewesen. 165 S.
UB 9545

Prosa des Expressionismus.
173 S. 8 Abb. UB 15034

Rap-Texte. 126 S. UB 15050

Reise- und Abenteuerge-
schichten. 96 S. UB 9537

Religionskritik. 155 S.
UB 9584

Rhetorik. 152 S. UB 15021

Satirische Texte. 176 S.
UB 9525

Schulgeschichten. 80 S.
UB 9551

Schwarzer Humor. 139 S.
41 Abb. UB 9599

Science Fiction. 174 S.
UB 15015

Spieltexte
- 5.-7. Schuljahr. 92 S.
  UB 9576
- 8.-10. Schuljahr. 96 S.
  UB 9585

Sportgeschichten. 84 S.
UB 9540

Sprachspiele. 87 S. UB 9533

Texte zur Poetik des Films.
188 S. UB 9541

Theater spielen. Anregungen,
Übungen, Beispiele. 160 S.
16 Abb. UB 9588

Theorie der Kurzgeschichte.
96 S. UB 9538

Theorie der Lyrik. 147 S.
UB 9594

Theorie der Novelle. 75 S.
UB 9524

Theorie des Dramas. 144 S.
UB 9503

Theorie des Kriminalromans.
88 S. UB 9512

Theorie des Romans. 151 S.
UB 9534

**Theorie und Praxis des Erzäh-
lens.** 192 S. UB 15009

Toleranz. Texte zur Theorie
und politischen Praxis. 192 S.
UB 15003

Tourismus. 179 S. UB 9564

Utopie. 174 S. UB 9591

Verantwortung. 175 S.
UB 15022

Verliebt. Zwölf Geschichten.
144 S. UB 15048

**Vorurteile gegen Minderhei-
ten.** Die Anfänge des modernen Antisemitismus am Beispiel Deutschlands. 174 S.
UB 9543

Das Wahrheitsgebot oder:
Muß man immer die Wahr-
heit sagen? 79 S. 5 Abb.
UB 9579

**Wahrnehmen – staunen –
begreifen.** 176 S. UB 15045

**Werbetexte / Texte zur Wer-
bung.** 87 S. UB 9522

Wir erzählen Geschichten.
77 S. UB 9552

Witz. 72 S. UB 9542

Philipp Reclam jun. Stuttgart